Violência psicológica
nas relações conjugais

Dados Internacionais de Catalogação na Publicação (CIP)
(Câmara Brasileira do Livro, SP, Brasil)

Pimentel, Adelma
 Violência psicológica nas relações conjugais – Pesquisa e intervenção clínica / Adelma Pimentel – São Paulo : Summus, 2011.

Bibliografia
ISBN 978-85-323-0719-4

1. Casais 2. Casamento 3. Violência conjugal 4. Violência familiar 5. Violência psicológica 6. Vítimas da violência familiar I. Título.

11-01691 CDD-155.64

Índices para catálogo sistemático:
1. Violência conjugal : Dinâmica familiar : Psicologia 155.64
2. Violência psicológica : Dinâmica familiar : Psicologia 155.64

EDITORA AFILIADA

Compre em lugar de fotocopiar.
Cada real que você dá por um livro recompensa seus autores
e os convida a produzir mais sobre o tema;
incentiva seus editores a encomendar, traduzir e publicar
outras obras sobre o assunto;
e paga aos livreiros por estocar e levar até você livros
para a sua informação e o seu entretenimento.
Cada real que você dá pela fotocópia não autorizada de um livro
financia o crime
e ajuda a matar a produção intelectual de seu país.

Violência psicológica nas relações conjugais
Pesquisa e intervenção clínica

Adelma Pimentel

summus
editorial

VIOLÊNCIA PSICOLÓGICA NAS RELAÇÕES CONJUGAIS
Pesquisa e intervenção clínica
Copyright © 2011 by Adelma Pimentel
Direitos desta edição reservados por Summus Editorial

Editora executiva: **Soraia Bini Cury**
Editora assistente: **Salete Del Guerra**
Projeto gráfico e diagramação: **Luargraf Serviços Gráficos**
Capa: **Teco de Souza**
Impressão: **Sumago Gráfica Editorial Ltda.**

Summus Editorial
Departamento editorial
Rua Itapicuru, 613 – 7º andar
05006-000 – São Paulo – SP
Fone: (11) 3872-3322
Fax: (11) 3872-7476
http://www.summus.com.br
e-mail: summus@summus.com.br

Atendimento ao consumidor
Summus Editorial
Fone: (11) 3865-9890

Vendas por atacado
Fone: (11) 3873-8638
Fax: (11) 3873-7085
e-mail: vendas@summus.com.br

Impresso no Brasil

Sumário

Travessias 7

Parte I – O campo: caracterização da violência psicológica   15
1. Cenários para o feminino   16
2. Cenários para o masculino   28
3. Relacionamentos conjugais   39
4. Pensamento gestáltico sobre violência   48
5. Uma mulher casada em psicoterapia   58
6. Um homem descasado em psicoterapia   61
7. Enfrentamento da violência psicológica   69

Parte II – O fundo   73
8. Nutrição psicológica, autoconceito e prevenção da violência   74
9. Para compreender e criar, é necessário pesquisar   81
10. Os casais se expressam   96

Parte III – A Gestalt   125
11. Desconstruções e reconstruções   126

Notas   135

Referências bibliográficas   139

Apêndices – Indicativos para pesquisa   144

Travessias

Em 2002, na Universidade Federal do Pará (UFPA), fui interpelada a compreender e enfrentar a violência psicológica. O contato com adolescentes, pais e familiares que experimentaram o sofrimento gerado pela ação abusiva das pessoas próximas foi o mote do chamado e da escuta. Minha trajetória de pesquisadora tem sido dedicada a investigar alguns eixos: **a)** *Psicodiagnóstico*, que contribui para identificar a queixa e orientar a intervenção clínico-qualitativa; **b)** *Nutrição psicológica*, categoria que ajuda a compreender o autoconceito e a autonomia dos atores que atendo; **c)** *Violências privadas*; **d)** *Éticas do cuidado e de gêneros*, premissas que transcendem a perspectiva normativa e factual que a regra moral carrega para vivenciar e disseminar uma atitude ontológica que favorece a revalidação do humano como referência prioritária da vida.

Durante meu doutoramento em psicologia clínica, na Pontifícia Universidade Católica de São Paulo, em um curso de filosofia com Dulce Critelli, mulher doce e de paciência inabalável para explicar

Ser e tempo, obra heideggeriana, ouvi uma asserção sobre a escolha do problema de pesquisa. Ela dizia: *somente estudamos o que tem sentido em nossa vida.*

Ao trazê-la para o cenário de elaboração deste livro, confirmo-a. Ainda assim, perguntei-me inúmeras vezes, no início de minhas incursões no tema da violência conjugal, quais eram minhas motivações para esse tipo de estudo, eu que repudio todas as modalidades de violência.

Algumas respostas foram surgindo, à semelhança do dia que clareia com o amanhecer. Rememorei a vivência de situações em que a violência psicológica esteve circundando.

Quando tinha 6 anos, após o banho, minha mãe queria limpar meus ouvidos. Eu não queria e tentava impedi-la segurando sua mão, até que ela, irritada, dizia: *vai embora*. Eu saía correndo, satisfeita por vencer esse primeiro embate. Entretanto, também perdi vários, já que ela usava a força física para me aprisionar entre suas pernas. De nada adiantava chorar ou espernear. Ela não era "sensível" a meu choro, afinal, como mulher, ela entendia as artimanhas do choro feminino.

Famílias são organizações complexas, dialéticas e ambíguas; campo de diversos choques, ódios e de trânsito voraz de rápidas, variadas e múltiplas emoções que podem coexistir no mesmo dia, conforme os atores e seus atos. Dentro delas, os embates atravessados pela violência psicológica podem contribuir para forjar casamentos precipitados, uniões estáveis e até mesmo namoros que perpetuam o círculo vicioso de aprisionamento dos sujeitos.

Em minha família de origem, a violência psicológica adquiriu uma feição árida por intermédio da figura paterna. Um homem incrivelmente dual, capaz de gestos largos de doação material e de outros, estreitos, em que cobrava de todos, filhos e esposa, "respeito" incondicional, silêncio e submissão. Típico representante da cultura patriarcal machista, para quem o casamento formalmente instituído não estabelecia limites para os desejos e o jugo masculino. Minha mãe, por sua vez, era a representante feminina da mesma cultura.

O modelo feminino de passividade em algumas questões impostas pelo "patriarca", e o masculino, de pai-machista-patriarca, impeliam o crescimento de minha rebeldia, que se expandia de várias formas. Para fugir das imposições paternas, enfrentava-o em embate verbal, desafiando-o e, ao mesmo tempo, afirmando-me como mulher valente que buscava se libertar de qualquer opressão e exercer o direito e o desejo de vivenciar minha plenitude existencial. Diante da "passividade" materna, tornava-me autoritária, incisiva, refratária às chantagens emocionais.

De acordo com Agacinski (1999, p. 6), "até hoje a diferença dos sexos, sempre e em toda a parte, assumiu o sentido de uma hierarquia: o masculino é sempre superior ao feminino, sejam quais forem as aplicações das duas categorias. Trata-se daquilo que Françoise Héritier chama a 'valência diferencial dos sexos'".

Embora a perspectiva das autoras apresente a ideia de que a "diferença" entre os sexos se evidencia na estrutura social, os papéis de gênero mudam e é possível haver expressões inversas respectivamente, isto é: homens assumindo posturas menos ativas e mulheres mais ativas. Eu sou uma delas. Escapei aos desmandos paternos e maternos. Alcei voo. Estudei, edifiquei uma profissão e faço escolhas. Deixei de lado o autoritarismo e exerço a autoridade instituída pelo autoconhecimento e legitimada pela instrução, e, no plano institucional, pelo respeito de meus pares.

Acredito no casamento, nas uniões estáveis e no combate da violência psicológica expressa nos relacionamentos, do silêncio punitivo e da palavra ofensiva revestida de estilo e figuras de linguagem, expressas entre casais "instruídos" ou pessoas "esclarecidas" que não vivenciam o embate físico e sim o psicológico, danoso e voraz.

> Às vezes a violência se manifesta pelo silêncio. Silêncio que, utilizado inicialmente como recurso temporário de evitação ao confronto, logo se transforma em arreio que emudece e imobiliza o corpo. Outras vezes, a violência está na impossibilidade de silenciar, de abdicar da ânsia de tudo dizer – não importando as consequências que isso tenha. (Souza, 2000, p. 69)

Acredito no amor entre humanos. Na magia que reescreve as regras convencionadas para os relacionamentos cronológicos. Hoje em dia, estão abertas as possibilidades de formar pares de mulheres mais velhas e homens mais jovens. Ainda que à semelhança da agulha no palheiro, creio que seja plausível compor uma relação autêntica, não de exploração, mas de consentimento mútuo.

Compreendo a importância da religiosidade na vida dos casais. Entretanto, sou absolutamente contra as falácias ideológicas manipuladas por qualquer organização ou sistema religioso que institui dízimos, regras, hierarquias entre papéis funcionais na organização das igrejas (pastores, bispos, padres, freiras, irmãos e irmãs...), na medida em que a fé dispensa mediadores seculares.

Para mim, a fé é um encontro entre cada um e o simbólico transcendente que se revela no outro próximo e no outro distante, no vizinho, no aluno, no membro da família que vive na mesma casa, na desconhecida por quem passamos e fingimos não ver, evitando ser alvo de suas demandas.

Recuso-me a aceitar maniqueísmos: *isto é bom, aquilo é mau*. Não frequento templos, problematizar Deus não é minha preocupação cotidiana. O sentido da existência, para mim, é claro. Gosto de proferir, no silêncio, por volta das cinco da manhã, quando acordo, a Ave-Maria de forma poética, em português e francês, que fica belíssima: *Eu te saúdo, Maria, tu que és cheia de graça. Tu que és bendita entre as mulheres*. Ou: *Je vous salue, Marie, pleine de grâce. Vous êtes bénie entre toutes les femmes.*

Aprecio a oração derivada do "creio em Deus criador do céu e da terra". Não compactuo com a aprendizagem imposta pelos pais e representantes das igrejas de que Deus é homem, representante de uma hierarquia, que vive espiando e tolhendo em vez de orientar e, portanto, *temos de ser bonzinhos*. Esta apreciação da alocução não me faz crer na tese do criacionismo do mundo.

Gosto de sentir a amorosidade do pai e da mãe nossos de cada dia, que estão em casa, na terra, no ar, no mar, nos campos, nas montanhas do Douro e das Gerais, na Mariz e Barros, no pão de cada dia, na caipirinha, no vinho e na água.

Eu me esqueço de rezar, contudo, quando o faço, é *para agradecer*. Nada peço. Não faço comércio com a fé: se me der isso, dou aquilo. Não me enxergo contraditória por me sentir sem religião, tampouco me imponho nomear uma fé com os códigos conhecidos.

Aprendo muito com os casais que atendo e com as vivências conjugais que já experienciei. Acertos e erros confirmam meu entendimento de que a abertura, o destemor, o respeito à singularidade, admiração mútua, confiança, intimidade, composição de um projeto para o casal e para cada um dos cônjuges são requisitos básicos à conjugalidade. "Sem abertura para o outro e sem capacidade de enraizamento não há como estabelecer relações significativas. Esse é um paradoxo de nosso tempo, e nos conscientizarmos dele nos dá a chance de alcançar um novo estado de consciência que nos permite criar vínculos afetivos e amorosos" (Cardella, 2009).

Além disso, compreendo que o diálogo é o nutriente imprescindível de uma relação afetiva amorosa. Ele é mediador do fortalecimento dos vínculos e do não enraizamento das violências privadas, sobretudo a psicológica.

Vivencio e procuro disseminar a proposta de romper com a "cidadania passiva caracterizada por não assumir sua função soberana, mas apenas de súdita" (Manzini-Covre, 1996, p. 20); favorecendo o exercício da "cidadania ativa, centrada no agir, para compor um existir" (*Ibidem*, p. 21).

Sou favorável à vivência da conjugalidade sem fórmulas, uso exploratório, querer se "dar bem" a custa do sofrimento do outro, prescrições, busca da "metade" que falta, ideia absurda que sugere lacunas em alguém. Sou adepta da perspectiva do encontro amoroso entre subjetividade e alteridade.

Não valido o amor romântico, criação moderna que enclausura e oprime os sujeitos por meio de diferentes formas de controle de algumas mulheres, a quem essa ideologia impôs suas premissas (mor-

rerei se você me deixar) por meio do domínio institucional exercido por família, igreja, escolas, estado; e de alguns homens, através da prescrição da expressão restritiva dos sentimentos (eu não sei dizer que amo você. Precisa dizer? Você não sente?).
Retomo Agacinski (1999, p. 99):

> A diferença sexual bem pode ser universal, mas nada nos diz do que se fará com ela na organização prática das relações humanas. Não implica em si própria qualquer instituição particular, qualquer segregação, qualquer hierarquia seja de que ordem for. Não deveríamos, pelo menos, dizer que os dois sexos são naturalmente iguais? Sem dúvida, na condição de precisarmos o que se deve entender por "naturalmente" e de sublinharmos, portanto, o caráter político da ideia de igualdade... Cujo valor político não se assenta na ideia clássica de verdade... Dizer que os homens e as mulheres são iguais não significa que sejam idênticos: o princípio de igualdade não exclui, portanto, o reconhecimento da diferença.

A violência psicológica que ocorre no interior das uniões estáveis ou dos casamentos é o tema deste livro. Diferenciar os signos *meio* e *entre* converge com o pensamento buberiano. O *entre* é onde o encontro acontece. Nele, a violência psicológica não ocorre. Porém, encontros somente ocorrem quando um escuta e responde ao outro de modo autêntico. Encontros são intrapessoais e interpessoais, e quando ocorrem são libertadores. A cada dia aprofundo o encontro comigo mesma esclarecendo minhas necessidades, o que posso oferecer e o que desejo do companheiro.

A violência psicológica é uma modalidade de agressão de grande incidência nas relações conjugais e aparece sem que, usualmente, seja reconhecida pelos cônjuges, sobretudo pela mulher.

A Delegacia da Mulher e a clínica-escola da Universidade Federal do Pará foram os espaços institucionais de produção deste livro. O objetivo primeiro e último deste trabalho é cooperar com os esforços coletivos para atualizar e renovar nossa humanidade, tão fragilizada pela supressão de valores éticos. Esses são alguns dos sentidos sociais do trabalho de nosso grupo.

A chacota, o deboche, a desqualificação, o desrespeito, a humilhação e o isolamento são configurações da violência psicológica que nos preocupam.

A pesquisa clínico-qualitativa realizada por meio da psicoterapia gestáltica de casais e a identificação da formação do autoconceito de homens e mulheres fazem parte dos procedimentos teórico-metodológicos do estudo.

O livro está organizado em três partes: o campo, em que caracterizo a violência psicológica; o fundo, em que proponho a nutrição psicológica para enfrentar a violência que atinge o casal; e a Gestalt, com elementos que podem oferecer indicativos para a desconstrução da violência e reconstrução da afetividade e do vínculo.

Os capítulos que integram a obra examinam a socialização dos gêneros masculino e feminino; a violência psicológica; uma visão gestáltica da desestruturação da violência; psicoterapia de casais e a identificação do autoconceito como ferramentas de coleta de dados; resultados da pesquisa baseada na intervenção clínica e na investigação qualitativa.

Adelma Pimentel

PARTE I

O campo: caracterização da violência psicológica

1 | Cenários para o feminino

> *A existência de outras consciências é um aspecto contingente da existência humana.*
> (Nye, 1995, p. 103-4)

Mulheres, crianças, idosos, portadores de necessidades especiais, homossexuais, homens e casais, todos praticam e sofrem violência psicológica.

A chacota, tirar sarro do outro, uma piadinha sobre qualquer tema, perder o amigo mas não perder a pilhéria são caricaturas que circulam no cotidiano e evocam a questão: qual a fronteira entre brincar e promover violência psicológica?

Uma fronteira é a satisfação unilateral obtida por meio da desqualificação e desrespeito ao outro. A brincadeira "perversa" e a violência têm a mesma raiz – ambas podem ferir a autoestima e o autoconceito de quem as sofre.

A violência psicológica entre casais é uma modalidade de agressão que aparece frequentemente nas relações sem que seja reconhecida pelos cônjuges, sobretudo pela mulher.

Muitas ações para combater a tirania da violência têm sido envidadas em universidades, em movimentos sociais e, conjuntamente, por mulheres e homens que integram grupos mobilizados nesse sentido.

A libertação individual e coletiva[1] vem sendo fomentada em vários espaços: no centro comunitário, nas famílias, no teatro, na literatura e em diversas obras científicas.

Beauvoir (1979, p. 186) enfocou o "destino", a história, os mitos da mulher, que identificou como "o segundo sexo". Este também é o título do livro que escreveu na França, em 1949, e continua bastante atual. "Em conjunto, elas ainda se encontram em situação de vassalas. Disso decorre que a mulher se conhece e se escolhe, não tal como existe para si, mas tal qual o homem a define."

Nye (1995) é uma escritora preocupada com o papel e com o compromisso social de cada um para combater a opressão que atinge as mulheres. Escreveu uma obra rica e interessante, em que focaliza aspectos das teorias feministas de base marxista, socialista, existencialista e linguística. Especificamente acerca da perspectiva existencialista, analisou a obra da Beauvoir filósofa, que descreveu a condição existencial das mulheres que viviam no século XX.

O existencialismo de Beauvoir era uma tentativa de situar a dinâmica de uma opressão que não era específica do socialismo nem do capitalismo (p. 97).

> É com a análise da consciência que deve começar o estudo da condição humana e da condição da mulher. Se os indivíduos não são teoricamente importantes, então as relações entre eles também não o são. A relação do homem com a mulher torna-se significativa só como símbolo da progressividade de uma sociedade. (Nye, 1995, p. 97, 100)

Beauvoir, citada por Nye, examina a subjetividade e a singularidade sem dar a elas um caráter de "essência". Este é um princípio que considero imprescindível ao estudo e à prática clínica em Gestalt-terapia.

Não creio que haja uma essência universal de crianças, adolescentes, mulheres e homens. Desse modo, não há como promover uma atualização dos saberes recaindo em tendências e codificações "fáceis" dos sujeitos que vivenciam a violência psicológica em categorias fixas: mulheres como vítimas e homens como algozes.

Na relação, convivemos, fluímos e transitamos entre papéis e perspectivas. Assim, mulheres e homens podem se alternar no traspasse entre tais papéis, sendo dialeticamente ora vítima, ora algoz, ou sujeitos livres e amorosos.

Devemos compreender que a transformação subjetiva e social deriva de políticas públicas para educação, trabalho e cultura, de procedimentos relacionais e da renovação dos processos educativos informais praticados pelas famílias.

Nas famílias renovadas, os meninos não sucumbirão mais ao jugo da orientação redutiva pela aprendizagem do vigor, da força, da potência, da omissão do autocontato e da expressão dos sentimentos. As meninas não empregarão jogos manipulativos de sedução em que, por meio do choro, do beicinho e da voz (permanentemente) infantil, "conquistam" bens materiais e o "amor" dos homens.

Desta feita, confirmamos a premissa elaborada por Nye (1995, p. 103-4) de que "a existência de outras consciências é um aspecto contingente da existência humana".

Também é oportuno considerar que os processos de subjetivação de mulheres e homens não se constituem por adjetivações e substantivações polares e estanques, por exemplo: superior-inferior; poderoso-degradada; ativo-passiva.

A categoria "essência" força a significação inseparável e a impossibilidade de transcender concretamente as fronteiras da vida subjugada pela violência psicológica.

Abordar a violência psicológica em relação ao gênero feminino requer enfocar o patriarcado, modo de organização social orientado para a dominação da mulher pelos homens. Na versão tradicional, o direito paternal é tomado como modelo da hierarquia entre os gêneros, enquanto, na visão moderna, o direito político contratual é a referência. Assim, no que se refere à crítica feminista,

> "patriarcado" é um termo que designa a forma como os privilégios socialmente atribuídos aos homens significam a opressão das mulheres.

Constitui-se a partir da concentração de recursos e propriedade nas mãos dos homens, definindo um sistema de heranças ligado a uma genealogia por via varonil. (Macedo e Amaral, 2005, p. 145)

De acordo com Almeida (2000, p. 32),

o patriarcado afeta os homens ao criar divisão entre os que estão alinhados ao poder, representando e delineando-os, e os desprovidos da função política e de cargos. Também cria identidades e cultivo de elementos performativos e simbólicos interpretados pelo homem e pela mulher como próprios.

A submissão das mulheres na sociedade patriarcal inclui humilhações, preconceitos e discriminações. Para ilustrar essa premissa, examinei um acontecimento recente que envolveu, em São Paulo, uma instituição de ensino superior privada, uma jovem e centenas de estudantes.

No final de 2009, Geisy Arruda foi identificada em rede nacional como mulher "fácil", "exibicionista", que portava um vestido "inadequado" ao convívio acadêmico. Não consigo encontrar signo que possa aplicar na apreciação de tais julgamentos, que sinalizam uma estética moralista de *fast-food* e uma falsa justificativa mercadológica para a promoção de várias formas de violência.

Conforme Tiburi (2009, p. 44):

Pelo menos três formas de violência aparecem no evento. Em primeiro lugar, a humilhação sofrida é *bullying*, ritual de violência entre jovens em situação escolar que decidem atacar emocional ou fisicamente um outro, eleito por sua diferença. Em segundo lugar, podemos falar de um estupro imaginário. Em terceiro lugar, é a ancestral violência que a mulher, como caça, sofre primeiro com o olhar, depois as mãos, até chegar às imagens técnicas (da máquina fotográfica ao *YouTube*) que caçadores modernos usam tão bem.

Tiburi aponta três instituições envolvidas no acontecimento: a universidade (ou escola), que responde pela mera[2] tarefa de instruir, oferecer informações acerca das culturas em uma perspectiva dialógica entre a memória e a atualidade; a mídia, sobretudo a ancorada na eletroeletrônica, ícone da "revolução" da tecnologia de comunicação de massas, que, por meio da internet, supostamente[3] rompe fronteiras de tempo; e a atávica hierarquia entre os gêneros masculino e feminino, em que este último foi "adonado" pelos códigos do casamento moderno e da teoria do amor romântico.

Tiburi (2009, p. 44) nos oferece hipóteses acerca do acontecimento que aponta o caráter projetivo, invejoso e repressor assumido pelo grupo de "iguais" no papel de estudantes:

> Houve, sobre a pessoa de Geisy, a projeção de um afeto. Quem é eleito para ser linchado carrega algo do grupo que deveria permanecer oculto ao grupo e que, tendo aparecido, precisa ser extirpado pelo grupo sem consideração dos custos. Geisy trouxe à tona o que é comum a todos: nas vantagens físicas que outros não tinham, aparece a inveja comum. Inveja-se aquilo que não se pode ser, ou o que se gostaria de ser. Inveja e ódio são afetos políticos que se manifestam em comum. Diante disso é que o estupro imaginário vem a ser a vingança. Falar é um jeito de fazer o que nem se imaginaria fazer. Fora do campus, muitas pessoas continuam odiando Geisy com o fácil recurso da fala: afirmando em seus discursos que "ela conseguiu o que queria". Devemos perguntar, caso desejemos acabar com esse gesto violento: "Que sei eu do desejo de Geisy?".

As reflexões de Tiburi proporcionam clareza à apreciação do acontecido. São inteligentes e bastante factíveis. Por meio delas podemos examinar, por exemplo, a ação corajosa de Geisy, mulher de elevada autoestima, que se sente gostosa[4]; Geisy financeiramente pobre; Geisy em busca de algo que somente ela poderá nos dizer, se levo em conta que a única coisa "segura"[5] é que , por meio de um discurso que imputa o desejo de outro, manifesto a verdade oculta de meu próprio desejo,[6] todos deveríamos nos calar, envergonhados. Geisy ousou praticar algo na contramão da ordem do "quem ela pensa que é?" (Tiburi 2009, p. 45).

No bojo da desconstrução[7] da lógica dos processos de subjetivação feminino, é cabível o exame da linguagem e da comunicação na medida em que: a) os falantes são nomeados e constituídos por signos e significantes carregados de significações e valores; b) o diálogo é o canal para a compreensão das ideias e da vivência da compaixão. Também a linguagem institui na gênese das subjetividades a percepção da hierarquia entre sujeitos e poder. Desta forma, a palavra é classificadora e apenas a alguns atores é atribuído o direito de expressão e prescrição do que e a quem escutar. Para Nye (1995, p. 212),

> o problema não é apenas com palavras isoladas que, como simples epítetos ofensivos, podem ser banidas, substituídas, eliminadas, mas com o relacionamento entre palavras. Se a própria estrutura do significado depende da diferença de sexo, uma simples expulsão ou reinstalação de significados pode não ter o efeito desejado.

Em Portugal, Silva, Botelho Gomes e Queirós (2004) debateram os métodos de investigação da condição feminina, afirmando a coexistência de uma pluralidade de estudos feministas em diversas perspectivas. Uma das marcas da reflexão das autoras é a ponderação de que "o feminismo não é um movimento exclusivo de mulheres, mas em prol de mulheres, globalmente inserido num projeto único de dignificação da pessoa, envolvendo todos os membros da sociedade" (p. 359).

As autoras ainda identificaram oito perspectivas de estudo na literatura feminista: 1) radicais, cujo argumento básico é a opressão feminina derivada do patriarcado; 2) socialista, baseada na teoria marxista, cuja tese para a exploração é baseada no monopólio capitalista do trabalho; 3) psicanalítica; 4) e 5) étnica e racial, que ressaltam a existência de vários tipos de homens e mulheres; 6) pós-moderna; 7) liberal; e 8) cultural.

Concluída a revisão, destaco uma observação particular sobre o ponto de vista pós-moderno do feminismo. As autoras portuguesas citadas (2004, p. 361) consideram que o

> feminismo pós-moderno possibilita conjugar as forças dos dois movimentos, eliminando-lhes as fraquezas: uma reflexão pós-moderna da teoria feminista revelará, nesta, indícios de essencialismo. Uma reflexão feminista acerca do pós-modernismo mostrará sinais de androcentrismo e ingenuidade política.

Por sua vez, Butler (2008, p. 34) afirma que

> os debates feministas contemporâneos sobre o essencialismo colocam de outra maneira a questão da universalidade da identidade feminina e da opressão masculina. As alegações universalistas são baseadas em um ponto de vista epistemológico comum ou compartilhado, compreendido como consciência articulada, como estruturas compartilhadas de opressão ou como estruturas ostensivamente transculturais da feminilidade, maternidade, sexualidade e/ou da *écriture feminine*.

Ponderando acerca das interações entre subjetividade e alteridade (Pimentel, 2004, p. 35), afirmei que o potencial de crescimento requer

> entender as tramas dos processos educativos informais, articulados pela família, turmas e grupos sociais; e dos formais, representados pelas escolas; integrar ao autoconceito à prática de elaborar sínteses perceptivas entre o ambiente e o eu.

Por intermédio da descoberta da ideologia que tece os diversos perfis femininos e masculinos, capacitamo-nos a colaborar para a retirada do véu que encobre os sentidos e a vivência da humanidade solidária.

O conceito de *ideologia* de que me valho é o proposto por Maluschke, Bucher-Maluschke e Hermanns (2004, p. 41), pela vinculação que os autores estabelecem com a violência. Seu argumento central para discorrer sobre o campo semântico é vincular esse campo à ética, e não apenas à epistemologia. "As fontes de violências de grande escala são aquelas ideologias nas quais predomina uma mentalidade totalitária, intolerante e militante". A violência praticada entre os cônjuges é proveniente da ação de várias ideologias: a) capitalista; b) patriarcal; c) científica; d) religiosa; e) estatal. Portanto, os estudos e intervenções evidenciam a importância de adotar o ato intencional de desmantelar tais ideologias em todas as suas complexidades.

Conforme Ramos, Santos e Dourado (2009, p. 147),

> a violência perpetrada por cônjuges e/ou familiares no espaço doméstico é também chamada de violência intrafamiliar, e, por seu caráter privado, apresenta duas consequências: a manutenção das agressões como um "segredo" e a aceitação social de que em tais práticas violentas não se deve intervir.

Assim, indico outra escolha de caminho analítico: usar a categoria *violência privada* para abordar a violência conjugal, superando as diversas taxonomias que fragmentam o efeito e a extensão das práticas.

Violência privada é a prática costumeira nas casas, com ou sem testemunhas[8], entre sujeitos consanguíneos e não consanguíneos, orientada pela imposição da autoridade visando à submissão e domínio da autonomia do outro (Pimentel, 2010).

A fundamentação da categoria está nos seguintes argumentos:

1. Superar o uso do signo "doméstico" que não se coaduna com a presente realidade política e cultural relativa ao gênero feminino. Dizer que algo é doméstico é limitar ao âmbito da casa o cenário da inserção produtiva das mulheres, bem como manter as ações violentas no enquadramento familiar. O contexto de expansão, inserção socioeconômica e de participação pública e política das mulheres brancas, negras, amarelas e índias transcende o "lar".
2. Compreender a violência que ocorre nas e com as famílias por meio de análises dialéticas, significando desvelar as vinculações

entre família e estado no que concerne à viabilização por este último do bem-estar, trabalho, saúde, educação, lazer etc. Os estudos e as ações organizadas em torno dos vários movimentos sociais e/ou científicos em prol da cidadania das mulheres têm ampliado a compreensão da violência que ocorre nas casas.

3. Usar o conceito para fraturar a tese dos "segredos familiares" acerca das violências pode contribuir para ampliar o reconhecimento das crianças concretas (meninos e meninas); das mulheres; dos idosos e dos portadores de necessidades especiais como sujeitos livres que requerem respeito e não "pena e codificação em uma condição de coitados".

4. Considerar a teoria da desconstrução dos signos *violência* e *doméstica* como *referência analítica*. Desconstruir um conceito é apontar as várias possibilidades da significação. (Macedo e Amaral, 2005)

A família (ou os arranjos familiares) é a instituição na qual as práticas ocorrem. O processo de instalação da violência privada integra a desqualificação associada a punições (físicas ou não), com exigências absorvidas pelos sujeitos que a constituem.

Violência psicológica é uma forma de brutalidade que atinge o autoconceito, a autoimagem e a autoestima de alguém. É gerada em diversos contextos em que existe desnutrição psicológica (Pimentel, 2005, 2007).

Desnutrição psicológica é um processo forjado na casa em que os membros da díade viveram a infância e cresceram; ou nas residências-abrigo ou no domicílio de parentes em que foram viver (pelo menos um dos componentes) devido às rupturas dos vínculos familiares até alcançar a própria unidade conjugal.

A fome emocional deriva dos deslocamentos emocionais para os seguintes campos: alimentar, bebidas, compras, comportamento sexual e violência. É um processo regulado pelas lacunas relacionais das trocas afetivas promovidas pelo descuido dos pais ou cuidadores nos campos afetivo, educacional e social. A conjugação dos conceitos descritos é base para repercussões no autoconceito, autoimagem e autoestima.

Thurler e Bandeira (2009, p. 169) afirmam que

há uma ampliação de ideários femininos descentralizados do casamento. As mulheres se casam mais tardiamente, questionam investimentos exclusivos no casamento e, em seus horizontes, passaram a incluir projetos profissionais e de estudos, trabalho voluntário, arte, ecologia etc.

Lamentavelmente, a saída das mulheres para o mundo público não é universal. A "domesticidade" prossegue como signo recorrente nos processos de subjetivação de algumas mulheres, como aponta Almeida (2000, p. 23), antropólogo português que realizou em Pardais, no Alentejo – região portuguesa fortemente marcada por uma cultura machista –, um estudo sobre a masculinidade.

Na obra de Almeida (2000, p. 222), há uma seção, denominada "Um tributo às mulheres: resignação, resistência, revolta", em que o autor narra o perfil das integrantes da aldeia usando o aforismo "Cozinha, igrejas e crianças, aquilo a que as mulheres de Pardais estão, à partida, voltadas: a domesticidade e a vida familiar, a garantia das tarefas que levam à reprodução física do grupo doméstico".

Embora a pesquisa tenha sido feita em Portugal, a semelhança dos resultados apontados nas investigações brasileiras sugere que os códigos *cozinha*, *igrejas* e *crianças* podem retratar um quadro aplicado às mulheres que vivem nas regiões mais distantes do Brasil em que se misturam coronelismo, crenças religiosas e mitos, falta de instrução, trabalho exaustivo na roça e uma prole imensa para sustentar, sob o peso do isolamento em um barraco de barro – ou sob o tacão do homem.

Contudo, o cenário não é linear, isto é, o jugo coexiste. Dominação e resistência são polos de um mesmo embate. Nenhuma mulher tem vontade, desejo, intimidade, pensamento ou qualquer outro núcleo de sua subjetividade totalmente outorgado por violentadores de qualquer espécie.

A liberdade existencial é autônoma. Precede à física, à social, à econômica. Vinculada à liberdade filosófica, suporte ideológico da inserção pessoal privada e pública, sustenta-se, expande-se e pode transformar os contextos e as pessoas.

No Brasil, em Belém, São Paulo, Brasília, Santarém, no Rio de Janeiro, em Mato Grosso, Goiás ou na Europa, nos *arrondissements* parisienses, em Lisboa, Évora, Viseu, Guimarães, Matosinhos, Gaia, no Porto ou em Cabo Verde e na África, há mulheres que sofrem e mulheres que caminham libertas, ajudando outras mulheres a superar vicissitudes impostas pela opressão psicológica, social, econômica e falta de esclarecimento.

O cenário público em que o despotismo opera permite que a barbárie se instale. A opressão que grassa nos cenários familiares autoriza que a violência psicológica conjugal se instale e se espraie.

A violência psicológica na família pode destruir o autoconceito e a autoestima de alguém, por exemplo, a de Geisy Arruda, que desafiou o instituído em sua universidade. Penso que aquela pessoa que vestia o criticado "vestido cor-de-rosa" morreu existencialmente, dando lugar ao personagem.

Geisy deixou de ser Geisy e virou um produto manipulado pela indústria da estética, pela mídia, pela vaidade e pelo *reality show* que forja cinco minutos de fama daqueles cujo talento é limitado. Geisy fez plástica, está magra, abandonou a faculdade – que não permitiu que a jovem se esclarecesse na perspectiva de Adorno (1969).

Agora, é contratada de uma rede de televisão, cursa teatro. Talvez, aos olhos dos consumidores da fama, esteja quase bonita. Em entrevista ao programa *TV Fama* ela declarou que deseja "causar". Aos seus próprios olhos, mantém ou deseja conservar o espírito polêmico.

Não creio que diferencie "causar" de esclarecer. Essa perspectiva requer consciência analítica e responsabilidade ética, e não apenas mediações estéticas fugazes ou participação nos canais de fofoca diária. O modelo do consumo acrítico de bens e da substituição dos produtos descartáveis não pode ser aplicado ao feminino. Mulheres não são objetos.

A cada uma de nós é solicitado romper com a lógica que orienta o funcionamento das indústrias e tomar consciência de que a imposição da exclusão social está no bojo do projeto de permanente reinvenção do capital financeiro.

Emancipar o gênero feminino e cada mulher do jugo patriarcal não é obra que se alcança pela substituição de homens no exercício dos poderes institucionais. A libertação é uma tarefa solidária e coletiva, que envolve uma nova estrutura de organização do Estado, do capital, do trabalho, das escolas e das famílias.

Em relação ao papel das mídias, cabe considerar a reflexão com que Marilena Chauí nos brinda na obra *Simulacro e poder: uma análise da mídia*, publicada em 2006 pela editora Fundação Perseu Abramo

> A cultura possui três traços principais que a tornam distante do entretenimento. É trabalho, movimento de criação do sentido, quando a obra de arte e a de pensamento capturam a experiência do mundo dado para interpretá-la, criticá-la, transcendê-la e transformá-la – é a experimentação do novo. É a ação para dar a pensar, dar a ver, dar a refletir, a imaginar e a sentir o que se esconde sob as experiências vividas ou cotidianas. Em uma sociedade de classes, de exploração, dominação e exclusão social, a cultura é um direito. (p. 21)

> A chamada cultura de massa se apropria das obras culturais para consumi-las, devorá-las, destruí-las, nulificá-las em simulacros. (p. 22)

2 | Cenários para o masculino

Alguns trechos de pesquisas nos ajudarão a tecer exames críticos sobre a socialização masculina. O objetivo é ampliar a base para compreender as relações entre os processos educativos e as práticas da violência psicológica privada.

Apresentar panoramas dos estudos adianta a complexidade do tema e exige praticar diálogos e atuações interdisciplinares que proporcionem a renovação social e familiar dos cenários femininos e masculinos e, por conseguinte, o enfrentamento da violência conjugal.

De acordo com Macedo e Amaral (2005, p. 153), masculinidade

> é o termo que cobre o campo de investigação que, na área dos estudos sobre o gênero e a sexualidade, incluem necessariamente a vertente da orientação sexual, uma vez que o trinômio heterossexualidade/homossexualidade/bissexualidade constitui desde logo o fermento de diferentes masculinidades organizadas em sistemas tensos de hegemonia/subalternidade.

Grossi (1995, p. 9) pondera:

> Uma das formas mais humilhantes de violência nas instituições carcerárias é a violência sexual, à qual é submetida grande parte dos pri-

sioneiros. O uso de violência sexual é fundamental no processo ritual de incorporação de um novo preso à instituição, porque ela ensina aos novos a hierarquia da cela através da feminilização que o ato sexual com penetração anal sugere. A violência sexual atinge o sujeito num âmago mais profundo do que ele imagina, do que ele aprendeu, do que ele sabe que é ser homem. Um homem de verdade no Brasil tem que controlar as suas nádegas para não ser penetrado, pois a penetração é significante de passividade, portanto de feminilidade. Este processo de feminilização do novo preso pela penetração anal faz com que ele se feminilize também, pois ele é obrigado a assumir tarefas consideradas femininas dentro da cela, como limpar, lavar e cozinhar para os "homens" da cela. Só escapam a esta violência aqueles que se protegem pelo uso da violência (ou seja, pela comprovação de sua "macheza").

Connell (1995) analisou os modelos de homem que o século XX forjou com base na posição social adquirida e praticada. Nessa perspectiva, os homens tornam-se líderes exercendo hegemonicamente a masculinidade.

Obviamente, um número restrito de homens exerce liderança. No plano macro da vida social, na categoria dos subordinados e marginalizados, podemos abarcar tanto homens quanto mulheres.

Connell (2002) alega que existem diferentes relações entre masculinidades: de hierarquia e exclusão. Nas sociedades ocidentais contemporâneas, há um padrão de masculinidade (autoritário, agressivo, heterossexual, poder-corpo, fisicamente bravo) mais respeitado que outros padrões. Esse protótipo hegemônico é comemorado simbolicamente e geralmente apresentado como ideal para os meninos.

Fialho (2006) questiona o conceito de hegemonia, pois o considera associado a um ideal cultural de masculinidade. Afirma que "o modelo de Connell pode ser reduzido, para certos efeitos e sem grandes perdas, a um modelo binário em que teríamos masculinidades hegemônicas e não hegemônicas". Segundo o autor, o conceito não cumpre o papel esperado na análise "intergênero" nem na "intragênero" (ou "intrasexo").

É preciso considerar a reformulação da significação da palavra-ato infância – ausência de fala, "qualidade ou estado do infante, isto é, daquele que não fala, constrói-se a partir dos prefixos e radicais linguísticos: *in* = prefixo que indica negação; *fante* = particípio presente do verbo latino *fari*, que significa falar, dizer" (Bosi, 2003, p. 229) – para organizar uma medida preventiva da violência que ocorre nas famílias e um auxílio no reconhecimento das crianças como sujeitos empíricos de poder e direitos.

A prevenção também pode ser ampliada pelo entendimento das ideologias inscritas nas orientações transmitidas aos meninos.

Aprendizagens estereotipadas mantêm o binarismo entre sexos e gêneros. Segundo Almeida (2000, p. 53),

> a sexualidade masculina era caracterizada até há pouco pelos seguintes aspectos: o domínio da esfera pública pelos homens; o duplo padrão: a divisão das mulheres entre puras (casáveis) e impuras; a compreensão da diferença sexual como dada por Deus, pela Natureza ou pela Biologia; a problematização das mulheres como opacas ou irracionais nos seus desejos e ações; e a divisão social do trabalho.

Retornando à pesquisa de Grossi (1995, p. 6) sobre masculinidades, a autora questiona as qualidades e as imagens prescritas ao homem. Afirma que o são conforme o contexto. No Brasil, a marca da identidade de gênero é mesclada pela atividade sexual; na Europa e nos Estados Unidos, pela heterossexualidade:

> Num dos modelos tradicionais de gênero no Brasil, estudado por Peter Fry, homem é aquele que "come", ou seja, que penetra com seu sexo não apenas mulheres, mas também outros homens, feminilizados na categoria "bichas". [...] Na Inglaterra e nos Estados Unidos, não é a atividade sexual que caracteriza a identidade de gênero masculina, e sim o fato de que a sexualidade seja exercida apenas com parceiras do sexo feminino. Na cultura anglo-saxã, dois homens que praticam relações afetivas e sexuais são considerados homossexuais, enquanto no Brasil, não: um homem

que é homem deve, inclusive, comer uns "veados", pois o que o faz ser considerado homem é a posição de atividade sexual, de penetração.

Todas essas pesquisas indicam elementos presentes na socialização masculina e injunções que orientam a assimilação da identidade e dos papéis de gênero dos meninos.

Desde cedo eles aprendem que ser homem é não ser mulher, não ser homossexual, não ser gentil, não ser afetuoso e não ser passivo sexualmente. Ufa, a eles é prescrita uma aprendizagem repleta de nãos. Desse modo, um peso atávico sobrecarrega e tem caracterizado a existência dos homens, obrigando-os a ser "soberanos".

O menino também aprende a não acreditar em seus sentimentos, a ser competitivo, a rejeitar o contato físico. Nas rodas de meninos falam do brinquedo e não de si mesmos. O adolescente luta, participa de concursos de resistência, intimida os "mais fracos". O adulto sofre silenciosamente a força de ser homem.

Há, nas aprendizagens masculinas, um "currículo" androcêntrico e limitante para o desenvolvimento emocional, ou seja, revelador "do sistema de pensamento centrado nos valores e identidade masculinos, no qual a mulher é vista como um desvio à norma, tomando-se o masculino como referência" (Macedo e Amaral, 2005, p. 3).

Paradoxalmente, a dominação é o inverso da liberdade. Os homens que estão preocupados em não ser talvez esqueçam ou não saibam existir sendo o que gostariam de ser.

No emaranhado dos processos de transmissão da subjetivação, é importante que as famílias superem os mitos e reformulem a educação de meninas e meninos. Assim, as relações conjugais e interpessoais posteriormente estabelecidas não terão coladas à identidade e ao papel de gênero a exigência de força e domínio.

Nessa esteira, é igualmente preventivo ativar o diálogo entre pai e mãe, envolvendo mais intensamente o pai na educação e nas primeiras orientações dos processos socializatórios e pedagógicos dos meninos, que são, prioritariamente, realizados por mães, babás, professoras etc. De acordo com Braz (2005, p. 102), é preciso "considerar que a subjetividade masculina baseada na força, no domínio e mesmo no machismo não é constituída sozinha, já que o homem nasce e cresce num caldo cultural que o empurra para esse papel".

Siqueira (1997) realizou estudo de caso de uma família em uma perspectiva sócio-histórica. Abordou, na conjugalidade, questões sobre o trabalho dos cônjuges e o cuidado com os filhos.

O estudo proporcionou duas observações interessantes para a ruptura dos enquadramentos dos papéis masculinos e femininos:

a) o casal elaborou estratégias para organização da rotina familiar que abrangem o enfrentamento da sobrevivência. São metas elaboradas de forma consciente, isto é, avaliadas e não apenas convenientes;
b) o marido exerce o trabalho doméstico que analisa ser de mulher: cozinhar, lavar louça, cuidar dos filhos; e coisas de homem: limpar o quintal, consertar coisas, fazer reparos e construir a casa. Percebe que *o trabalho doméstico é cansativo e a mulher deveria receber um salário por isso.*

Uma das conclusões a que Siqueira chegou é que os arranjos do casal atuavam na experiência de reconstruir e elaborar novos sentidos para a identidade do marido, da mulher e do casamento.

Boris (2002, p. 5), em investigação fenomenológica sobre a subjetividade masculina na contemporaneidade, ponderou que "não existe masculinidade única; [...] as manifestações viris apresentam-se numa tal diversidade que se torna praticamente impossível tratar de uma essência ou de uma identidade masculina universal".

Granato (2008) avaliou que a masculinidade é definida pela separação, e que trabalho e desempenho sexual são códigos presentes nos processos de subjetivação, enquanto a feminilidade o é por intermédio do apego e da expressão do afeto. Tais formas de organização das subjetividades culminam em divisões e polarizações clássicas entre o masculino e feminino.

Narvaz e Koller (2000, p. 648), revendo o percurso das metodologias feministas e estudos de gênero, apontam que "o feminismo é uma filosofia que reconhece que homens e mulheres têm experiências diferentes, e reivindica que pessoas diferentes sejam tratadas não como iguais, mas como equivalentes".

Silva (2008), em sua participação no 8º Encontro Internacional de Gêneros, em Florianópolis, discutiu a produção das masculinidades orientando suas ideias pela leitura da genealogia foucaultiana. Concluiu que o ideal de masculinidade urdido durante a modernidade enfraqueceu, flexibilizando os padrões de masculinidades estigmatizados e considerados, anteriormente, anormais e ininteligíveis, tornando-os agora inteligíveis e passíveis de existência.

Deaux e Lafrance (1988 apud Wang, Jablonski e Magalhães, 2006) afirmam que as identidades de gênero apresentam diferentes características relacionadas com múltiplas representações e identificações masculinas e femininas conforme o contexto social.

O homem brasileiro, segundo Dedecca (2005), se comparado com seus pares de países desenvolvidos, é um dos que tem mais dificuldade de participar ativamente do trabalho em casa.

Silva (2006, p. 122), pensando a crise da masculinidade, asseverou que

> a identidade de gênero e sexual são processos impostos ora por nossos pais e amigos, e cobrados direta ou indiretamente pela sociedade em que vivemos. [...] Nos dias atuais, entendemos também que há uma certa pluralidade de "tipos" sexuais, tais como o transexual, o travesti, e até mesmo o *drag-queen*, e a *drag-king* figurariam como identidades sexuais possíveis. [...] As identidades de gênero tendem a estar em consonância com sexo biológico do sujeito, porém não são estruturas fixas, encerradas em si mesmas.

O antropólogo Pinho, em 2004, ao indagar-se acerca da suposta "crise" que a masculinidade vivencia, relacionou as teses apontadas na literatura para configurar o "novo homem" com a idealização contida nos valores femininos de *sensibilidade, vaidade* e *intuição*; ou com a dominação de gênero.

Essa crise não diz respeito às reações ao avanço feminino nem pretende expressar o desconforto de homens brancos de classe média diante da sofisticação do *style* e da mercadificação crescente da vida cotidiana. Refere-se, também, à necessidade urgente de se comprometerem os homens, como homens, na reinvenção das identidades masculinas, por um lado, e por outro, na batalha política por políticas públicas de inclusão para homens jovens, negros e pobres. (Pinho, 2004)

A propósito da corporeidade, Boris (2002, p. 12) asseverou que os homens que entrevistou reproduzem alguns estereótipos da masculinidade, por exemplo violência, hierarquia e competição.

A primeira violência com a qual um homem se depara ocorre, antes de tudo, contra si mesmo e particularmente seu próprio corpo, que é percebido como uma ferramenta, uma máquina ou uma arma que deve ser manipulada para se defender ou para atacar outros homens, que também passam a ser considerados como seus rivais potenciais.

A masculinidade contemporânea é cortada por várias rupturas. Os estereótipos do herói, do protetor, do provedor, do forte e seguro, do insensível estão sendo desconstruídos, ao menos nas camadas médias urbanas, pelos próprios homens, desde os anos 1980 (Nolasco, 1988; Betcher e Pollack, 1993; Cuschnir e Mardegan, 2001; Diehl, 2002). Todavia, as transformações subjetivas e sociais não são lineares e generalizadas.

"Metrossexual", "homem reconciliado" (Badinter, 1996 *apud* Garboggini, 2008, p. 79), e "homem feminilizado" são categorias usadas para abordar o homem contemporâneo que não age como "macho". Enquanto representação, "o metrossexual estaria transitando na linha intermediária entre o feminino e o masculino e entre o masculino e o não masculino".

A mídia e as indústrias cosméticas e da moda são propulsoras desse processo identitário não generalizado para todos os homens. É mais um tipo europeu, comum nas culturas dos países deste bloco. Nas palavras de Garboggini:

> Nas mídias brasileiras mais populares, os metrossexuais ainda não tomaram lugar, demonstrando que a aceitação de mudanças começa nas classes socioeconômicas mais altas e em ambientes onde existe um outro grau de cultura. (p. 87)

> A metrossexualidade determina um segmento de mercado lucrativo e em franco crescimento: nem *gay*, nem "macho". Estamos diante de uma revolução de aparência. (p. 80)

> [...] os homens brasileiros querem apresentar-se bem, contudo, não aceitam os tipos delicados, doces e encantadores nem adotam com facilidade os hábitos já assumidos por uma parte dos homens europeus apresentados na mídia. (p. 88)

Assim, convivem duas diretrizes, com diferentes validades, que influenciam os processos de socialização dos meninos:

a) matriz moderna da condição masculina, um conjunto de adjetivações positivas e/ou depreciativas que compõem um molde idealizado de masculinidade: forte, confiante, ativo, destemido, determinado, realizador, independente, objetivo, pragmático, racional, emocionalmente equilibrado, profissionalmente competente, financeiramente bem-sucedido e sexualmente impositivo, dominador, violento, opressor.

Essa matriz cria um arquétipo que sustenta os procedimentos de socialização do garoto e estabelece um tipo de violência que circula no imaginário social, a violência moral e simbólica, "aquela que trata da dominação cultural, ofendendo a dignidade e desrespeitando os direitos do outro" (Minayo, 2008, p. 102);

b) a matriz pós-moderna, um projeto europeu de reduzido alcance. É principalmente uma construção derivada da agenciação do capital da moda espalhada pelas mídias eletrônica e impressa. A estética e a expressividade dos sentimentos e da sensibilidade presentes no comportamento de um tipo de homem, o metrossexual, é o principal atributo da matriz.

O Brasil, devido à extensão territorial, distingue fortemente a vigência de uma matriz moderna de masculinidade, como apontou Garboggini no estudo feito na região Nordeste. Ainda nessa região, Boris (2002, p. 6), acerca do homem cearense, afirmou:

> Falta um modelo de identificação masculina na figura paterna no lar – pois o pai está ausente, senão física, mas (ou também) simbolicamente; é comum que os adolescentes busquem, fora de casa e longe dos pais, novos canais de expressão de sua virilidade e da frustração com o ambiente familiar. Desta forma, buscam se afastar da figura paterna e, também, da cultura predominantemente materna e feminina vivenciada em casa para incorporar-se a uma cultura masculina, em que a violência é um meio de expressão costumeiro. Os homens buscam dominar seus congêneres, mas, secundariamente e como um instrumento de luta simbólica, além deles, as mulheres e seus filhos. O comportamento machista entre os jovens é favorecido não apenas pelos pais e por outros homens mais velhos, mas também por seus pares e até mesmo por suas próprias mães, pois elas mantêm ainda em grande parte o papel sociocultural de formadoras primeiras da subjetividade e da condição dos futuros machos que geraram.

Confortin (2008, p. 266), em análise do homem gaúcho representando o Sul do país, mostrou o tipo que a literatura divulgou e consagrou: um homem valente, guerreiro e macho, capaz de enfrentar a natureza e suas intempéries. A colonização europeia agregou a essas qualidades uma concepção de família e de patriarcado:

A família era algo sagrado, e, em sua estrutura, o pai ocupava um lugar de destaque: era o chefe da casa, aquele que sempre resolvia tudo, sozinho. Esse pai não tinha só autoridade como, também, representava a autoridade maior e, portanto, era autoritário com todos.

Na região Sudeste, na matriz moderna, um estudo feito no Rio de Janeiro por Moura (2005) narra uma socialização masculina vinculada à cultura da violência e ao narcotráfico, em que jovens reedificam o estereótipo da força e da ação ativa, revelando

> uma expressão da socialização em construções de um tipo de masculinidade, violenta e militarizada, de culturas locais e nacionais em que a utilização masculina de armas de fogo é a norma. Em tempos de guerra e em países "pacíficos" as armas fazem muitas vezes parte de um ritual de passagem da infância para a idade adulta dos rapazes, que são frequentemente socializados de forma a sentirem familiaridade e fascínio com e por armas (Connell, 1995). Estes elementos simbólicos vêm associar-se aos demais fatores já referidos para caracterizar a singularidade destas novíssimas guerras.

Embora não diferenciada como atributo das matrizes moderna e pós-moderna, a saúde faz parte dos processos de socialização que configuram, entre outras, a categoria *força física*. Visando desconstruir o mito da "indestrutibilidade" da saúde, cuidar dos homens e integrá-los à rede pública, o Ministério da Saúde lançou, em 2009, a Política Nacional de Atenção Integral à Saúde do Homem.

> Os estereótipos de gênero, enraizados há séculos em nossa cultura patriarcal, potencializam práticas baseadas em crenças e valores do que é ser masculino. A doença é considerada um sinal de fragilidade que os homens não reconhecem como inerentes à sua própria condição biológica. O homem julga-se invulnerável, o que acaba por contribuir para que cuide menos de si mesmo. A Política Nacional de Atenção Integral à Saúde do Homem deve considerar a heterogeneidade das possibilidades de ser homem. (p. 5)

Estimular a participação e inclusão do homem nas ações de planejamento de sua vida sexual e reprodutiva, enfocando inclusive a paternidade responsável. (p. 31)

Finalizo a composição da base teórica, com vistas ao diálogo com o material empírico coletado na pesquisa, apresentando a conclusão do estudo com escolares feito por Telles (2004):

A reprodução de estereótipos de gênero apareceu de forma mais evidente nas relações entre as pessoas adultas e as crianças – as falas das primeiras, mesmo que de forma não consciente, confirmavam o pressuposto advindo de teorias deterministas biológicas, que tendem a definir significados rígidos e polares para gênero, construindo uma hierarquia baseada na percepção dessas diferenças e, consequentemente, gerando desigualdades. Um dos pressupostos dessa matriz cultural é a articulação entre mulher/feminilidade/vida privada/cuidado com os filhos *versus* homem/masculinidade/vida pública, considerando as características dos últimos como superiores. As relações entre as crianças criavam sentidos de gênero outros que não os da visão determinista e de reprodução de estereótipos – e que os significados de gênero presentes em suas relações dependiam, assim, muito mais do contexto em que estavam do que do fato de serem meninos e meninas.

3 | Relacionamentos conjugais

Construindo a sequência reflexiva para compreender a violência psicológica, abordo aspectos do casamento ou da união conjugal para examinar como a socialização primária e secundária, o sistema patriarcal, as pressões dos grupos e as elaborações pessoais dos acontecimentos se estabelecem como fatores que repercutem em diversas proporções na dinâmica das relações conjugais e nas manifestações violentas.

A busca do parceiro e a manutenção do casamento são influenciadas por informações que os sujeitos recebem durante toda a vida nos contextos socioculturais em que vivem.

De modo geral, o par inicia uma união trazendo uma imagem do vínculo conjugal e do papel que o parceiro deve desempenhar, como também a crença de que a relação amorosa e os sentimentos a ela vinculados são "eternos".

> A construção dos papéis e das regras de relação é um processo circular de influência recíproca ao longo do tempo. Nenhum casal inicia uma relação a partir do zero, cada indivíduo tem um sistema de crenças e expectativas em relação ao casamento estruturado a partir da experiência na família de origem e de outras experiências matrimoniais e de casal, imerso na cultura de uma comunidade e sociedade específica. Esses valores permeiam os nossos modos de conceber o casamento e condicionam os nossos modos de ser marido e mulher. (Walsh, 2005, p. 15)

Sobre as uniões e o casamento, Randel (2009, p. 40) observou:

> Várias mudanças vêm ocorrendo na relação conjugal, possibilitando que os pares vivenciem a conjugalidade diferentemente dos casamentos tradicionais, visto que, na contemporaneidade, os casais decidem morar em casas separadas, viver juntos sem legalizar a relação, há casais homossexuais com filhos adotados ou através da inseminação artificial, bem como pessoas solteiras com filhos oriundos da adoção ou produção independente. Isso mostra as novas configurações de arranjos conjugais e familiares instituídos atualmente.

Os casamentos e as relações conjugais atuais apontam a vigência concomitante tanto da organização tradicional que origina a família nuclear quanto os arranjos descritos por Randel.

Na pesquisa em psicologia clínico-qualitativa, nos interessa focalizar os vínculos afetivos e dialogar com o que acontece no campo existencial e geográfico do casal para decifrar os conflitos e os códigos subjacentes às formas que a violência assume.

A psicoterapia não elimina o conflito, mas coopera para que, no estabelecimento do processo terapêutico, seja identificada a responsabilidade de cada cônjuge nas ações problemáticas da relação.

Assim, a conscientização possibilita a ressignificação dos modos violentos de interação e a atualização da ligação conjugal. Segundo Perls (1977, p. 104),

> o conflito, a situação inacabada, é em si um apelo para a resolução. O conflito que procuramos e respeitamos é aquele que surge da nova combinação de circunstâncias no agora. Não é uma repetição infindável, refletindo o que temos e experienciamos sem cessar. A terapia faz com que o indivíduo deixe de repetir de forma morta e chegue a um novo conflito criativo que convida ao crescimento, à mudança, ao excitamento, à aventura de viver.

Consideremos que as expectativas acerca do papel que cada um deve desempenhar estão relacionadas ao conceito de gênero. Assim, as diversas concepções destacam o papel subalterno vivenciado pela mulher:

> A perspectiva de gênero é então forjada por uma cultura onde os gêneros usualmente são vividos como convenções de acordo com o que preconiza uma dada sociedade e alimentados por um mito fundador que organiza as relações entre homem e mulher, onde, por muito tempo, a mulher constituiu-se a parte menos favorecida dessa relação. De fato, o conceito de gênero surgiu primeiramente, para mostrar a problemática da mulher e dos conceitos "construídos" sobre o ser "mulher" de uma forma que já não satisfazia suas necessidades de identidade. (Rocha, 2005, p. 205)

As identidades "masculinas" e as "femininas" são produzidas culturalmente e, desse modo, "antes de se constituir como uma orientação sexual ou atributos deste ou daquele gênero, estão também relacionadas ao tipo de poder que a sociedade convenciona, principalmente quando este é referendado por um sistema patriarcal". (*Ibidem*, p. 206)

A maneira como cada componente do casal se reconhece e vê o outro vai influenciar a forma dos laços conjugais, tornando-os libertários ou controladores.

O controle é um subproduto do sistema patriarcal. Controlar é tentar anular a subjetividade, modelar, amoldar, fazer cópia do outro, uso instrumental deste. Pode ser exercido de forma *direta* (ordens e restrições); *indireta*, em que os sujeitos recorrem ao uso abusivo do álcool, drogas ou podem desenvolver compulsões, somatizar na forma de úlceras, impotência (o caso de crianças e adolescentes, no vandalismo); e no *autocontrole* caracterizado pela rigidez que impede a manifestação da espontaneidade, a criação e a curiosidade. (Levy, 1973).

O casamento ou a vida conjugal são transversos negativamente por vários fatores que podem induzir à ação violenta. Como diz Hirigoyen (1999, p. 17), começa por uma simples falta de respeito, mentira ou manipulação. Só achamos que tal é insuportável se somos diretamente atingidos [...]. No casal, o movimento perverso aparece quando o afetivo fala, ou então quando existe uma exagerada proximidade com o objeto amado. O parceiro deve continuar lá para ser frustrado em permanência. É preciso ao mesmo tempo impedi-lo de pensar para que ele não tome consciência do processo.

Ou, conforme Bosco (2009, p. 36-7), quando é atravessado pela fadiga:

> É como se, de repente, pesássemos uma tonelada, nosso corpo bem como nossa vontade, e ficamos sem a menor capacidade de ação, incapazes de mover um dedo, de proferir uma única palavra que possa dissolver a gravidade maciça que tomou conta de tudo. [...] E sentimos uma espécie de ressentimento totalizante, uma irritação mesquinha com qualquer coisa à nossa volta, mas sobretudo com o outro. E é por isso que a fadiga está na iminência da violência. Presos num nó inextricável, trançando de modo complexo cada parte de seus corpos e mentes.

A incomunicabilidade e o cultivo de sentimentos negativos podem deflagrar tanto manifestações de violência física quanto psicológica. Por exemplo, intimidar o outro com um soco na mesa, na parede ou no móvel, gritando: *Porra, me deixa em paz.* Ou dar uma facada, um tiro; ou xingar: *Sua/seu...*

Também o ex-marido ou ex-amante matar cruelmente, sem piedade, compaixão ou reconhecimento à mulher. Sem vê-la como uma alteridade, à semelhança do que aconteceu com Ana Karina Matos Guimarães, Mércia Nakashima e Eliza Samudio, mortas e espoliadas de sua dignidade. Jogadas na mídia nacional, tornaram-se estatísticas, notícias em 2010.

O princípio da "com-paixão", elaborado por Boff (2009) oferece um contraponto à crueldade:

É a mais humana de todas as virtudes humanas. (p. 13)

Construímos o mundo a partir de laços afetivos. Estes laços fazem com que as pessoas e as situações sejam portadoras de valor. O dado original não é o *logos*, a razão e as estruturas de compreensão, mas sim o *pathos*, o sentimento, a capacidade de simpatia, de empatia, de com-paixão, de dedicação e de cuidado com o diferente. (p. 16)

A com-paixão não é um sentimento menor de "piedade" para com os que sofrem. A com-paixão não é passiva, mas sim altamente ativa. Com-paixão, como sugere a filologia da palavra, é a capacidade de compartilhar a própria paixão com a paixão do outro. Trata-se de sair de si mesmo e de seu próprio círculo e entrar no universo do outro enquanto outro, para sofrer com ele, para cuidar dele, para alegrar-se com ele e caminhar junto a ele, e para construir uma vida em sinergia e solidariedade. (p. 20)

Por sua vez, o Estado, em algumas situações, é chamado a interferir na mediação e repressão dos conflitos violentos. No Brasil, para contribuir na contenção da violência privada, em setembro de 2006 foi promulgada a Lei n. 11.340/06, ou Lei Maria da Penha, que "tipifica a violência doméstica e familiar; estabelece as formas de violência doméstica contra a mulher como física, psicológica, sexual, patrimonial e moral" (Brasil, 2008, p. 9).

A violência psicológica privada é um tipo de delito que requer tribunais e penas diferenciadas, pois nem sempre o homem que a comete é um "criminoso", do tipo que circula na cidade gerando violência coletiva, em busca de apropriar-se dos bens materiais aos quais não tem acesso.

Della Cunha (2004, p. 65) afirma que

a violência na cidade se insere na rede de criminalidade moderna. Nas grandes cidades brasileiras, o mapeamento das cidades tornou--se o meio eficaz de segregação dos lugares de "riqueza" e de "pobreza", do "incluído" e do "excluído" em limites bem definidos e evidenciados entre espaços diferenciados de moradia, de serviços e de benefícios sociais.

O homem que comete violência privada se introduz na rede da dominação patriarcal. Brauner e De Carlos (2004, p. 136) falam

> da vinculação do poder a um gênero (o masculino). Nesse sentido, pode-se afirmar que a violência intrafamiliar possui, como fundamento, não só a hierarquia entre os gêneros – no caso da violência praticada pelo marido ou companheiro contra a esposa ou companheira –, como também o poder patriarcal, estigmatizado na figura do "homem da casa".

A organização das mulheres em grupos e as condições socioeconômicas e históricas atuais têm contribuído para o desenvolvimento de novas identidades e novos espaços de inserção pública.

Por sua vez, o homem também é "forçado" a repensar papéis e posturas dentro da relação matrimonial:

> A mudança nos papéis exercidos pelas mulheres vem levando os homens a um difuso sentimento de perplexidade e confusão, e, consequentemente, a uma oportunidade para que repensem seus papéis, seja para reafirmá-los, seja para reformulá-los. (Jablonski, 1998, p. 172)

Na modernidade, a instituição "casamento" apresenta-se com novas formas de união. De acordo com Féres-Carneiro (1998), o casal moderno encerra duas individualidades, ou seja, reporta a duas histórias de vida, duas percepções e duas identidades individuais que na relação amorosa convivem com um esperado desejo conjunto de estabelecer uma identidade conjugal.

No que diz respeito à família, observamos que a instituição tem novas formas e vem sendo alvo de intensas reflexões acerca das interações estabelecidas.

Em Pimentel (2008, p. 18), apontei que

a deterioração das funções familiares acompanha a transformação do capital financeiro, cuja estratégia de revitalização pauta-se na venda, no comércio e na substituição imediata das mercadorias. Este princípio estende-se para o campo do humano, de modo que substituir alguém nos postos de trabalho, na afetividade e nas relações interpessoais é uma ação vulgar.

Essa lógica nos ajuda a perceber a inversão de valores na forma de interação entre os membros das famílias, pois os papéis passam a ser pautados numa relação eu-isso, em que cada pessoa é vista como um meio para um fim: tratadas como objetos, sem sua singularidade reconhecida. Sem espaço para um encontro genuíno, não há afirmação da alteridade do outro (Buber, 1977).

Desse modo,

no processo de constituição da rede das relações familiares podem desenvolver-se experiências de realização ou fracasso, levando as pessoas envolvidas a um crescimento ou maior integração ou, ao contrário, em direção a uma desintegração que inclui violência na sua dinâmica. (Scodelario, 2002, p. 96)

É importante considerar que a vida a dois, bem como os relacionamentos em geral, tem aspectos de satisfação e conflito, o que é inerente à condição humana. A maneira de lidar com as diferenças do outro depende da história de vida de cada um, visto que as possibilidades de vivenciar essa experiência pode ser uma escolha saudável ou não. Porém, é importante verificar como o casal vivencia esses conflitos, observando se surgem questões relacionadas à psicossomática. A violência psicológica que se estabelece no relacionamento conjugal contribui para a instalação da doença ou de processos de adoecimento. Adoecer não acontece apenas através de sintomas físicos ou orgânicos. Engloba a existência total (Pimentel, Bandeira e Valle, 2010).

De acordo com Winter (1997), o empobrecimento dos vínculos impede a elaboração das perdas e separações, provoca um vazio psíquico e gera uma desarticulação psicossomática.

> A doença seria, portanto, o resultado de uma soma de fatores os quais não podem ser avaliados isoladamente, tendo em vista que a realidade concreta para o ser humano não mais existe. Os pensamentos formalizados sobre ela não podem ser considerados, isoladamente como puros e genuínos, pois sofrem intercalação do imaginário de cada um. (p. 37)

Oliveira (2004) dissertou acerca das abordagens teóricas, sociais, jurídicas e clínicas das violências conjugais contemporâneas. Seu livro traz uma detalhada e extensa relação de formas interventivas de combate à violência conjugal contra a mulher: abrigos provisórios, assistência jurídica e psicológica para vítimas e agressores; mediação de conflitos; programas educativos fundados em modelos relacionais com base no respeito aos direitos humanos etc.

Na especificidade de minha pesquisa destaco, entre as diversas perspectivas teóricas abordadas, as que se aproximam da clínica, por exemplo, o conceito de "síndrome da mulher agredida", elaborado por Walker (1979 *apud* Oliveira, 2004), que trata de baixa autoestima, medo, depressão, culpa e passividade, consequências da violência; e de "síndrome do pequeno poder", elaborado por Safiotti (1989 *apud* Oliveira, 2004), que aborda a necessidade dos homens de se afirmar, fazendo-o com exagero nas relações interpessoais, de preferência em uniões de caráter estável, para compensar o massacre de que são alvo nos outros tipos de ordenamento das relações sociais.

Entender a complexa teia das relações conjugais violentas requer permanente reflexão de nossas ferramentas de trabalho: aqui, a pesquisa-intervenção e a psicoterapia. Conforme Atienza (1987, p. 212),

> os objetivos terapêuticos são alcançados de maneira processual com a inclusão de testes, jogos, humor. Com estes elementos, o terapeuta

elabora um contexto informal, possibilitando ao casal não sentir-se perseguido, o que ajuda a diminuir a tensão interna. Embora a psicoterapia nem sempre tenha êxito, ela é eficaz.

Essa compreensão também solicita a construção de parâmetros orientadores que ultrapassem e atualizem: 1) a fantasia do conceito de *amor romântico*, amor à primeira vista[9], elaborada no século XVII; 2) a premissa do *amor confluente*, proposta por Giddens (1993); 3) a apreciação de Bauman (2001) do *amor líquido*, em que as fronteiras e o compromisso humano desaparecem (Ruiz e Mattioli, 2004).

> A divisão sexual não é proveniente de características biológicas, e sim adquiridas culturalmente e transmitidas através das diferentes formas de educação, seguindo os modelos apresentados pela sociedade. Através do processo de imitação e de identificação, os indivíduos vão aprendendo uma prática e, ao mesmo tempo, introjetando sentidos e significados, passando a aceitar, rejeitar ou acomodarem-se aos princípios do grupo, situações que servem para estabelecer vínculos entre eles e definir papéis. (Passos, 1999, p. 20)

Há diferentes matizes de gênero, ou seja, diferentes formas de masculinidade e feminilidade. Alguns homens se mantêm no lugar de poder e dominação e continuam desfrutando dos privilégios da sociedade patriarcal, enquanto outros, ao lado das mulheres, lutam para mudar essa ordem e construir relações mais democráticas e igualitárias. "Ver um homem reconhecendo a fragilidade, admitindo ser agredido e dominado pela mulher e tornar isso público, através de uma denúncia policial, é algo novo, impensável há alguns anos" (Machado e Araújo, 2004, p. 48). Ver uma mulher refutando os padrões manipulativos para dominar seu companheiro é algo desejável.

4 Pensamento gestáltico sobre violência

Na elaboração do pensamento clínico gestáltico e na contextualização dos fatores presentes na civilização e retransmitidos na cultura das famílias, Frederick Salomon Perls *et al.* e atualizadores da obra identificaram dualismos que promovem dilemas éticos, adoecimento e práticas violentas. As obras básicas de que me valho para apreciar as conjecturas gestálticas e propor diálogos com a violência psicológica conjugal são: Perls (1975, 1979 e 1997); Laura Perls (1994); e Pimentel (2005). Essas obras colaboraram na fundamentação do contexto em que ancorei as reflexões e relações intertextuais, em que a psicoterapia breve e a análise do autoconceito integraram os procedimentos metodológicos no exame da violência psicológica.

Nas diversas culturas humanas, orientais e ocidentais, a palavra agressividade é mais associada à violência do que à motivação. Portanto, previamente, apresento um esclarecimento com base na proposta estabelecida por Laura Perls (1994, p. 22), preocupada em esclarecer a diferença entre *agressão violenta* e a *força necessária para atender às necessidades subjetivas e sociais*, retificou a teorização feita por Frederick S. Perls: "Eu uso a palavra desestruturação porque destruição sempre implica algum sentido de hostilidade, enquanto que a desestruturação e a reestruturação são as forças cinéticas através das quais os sujeitos crescem".

Do mesmo modo, uso o verbo *desestruturar com o sentido de elemento motivacional*, força para enfrentamento das divergências entre os sujeitos; da satisfação das necessidades básicas e transcendentais – como amar, se alimentar, dormir, saúde, sexo, aceitação e sustento –, e da superação dos dualismos na educação dos filhos e alunos, compondo uma formação integrada do autoconceito baseada na nutrição psicológica. Neste projeto, não há lugar para agressão, destruição e qualquer tipo de violência.

Sem dúvida, refiro-me aos processos de subjetivação e socialização dos sujeitos sociais; entretanto, ressalto que a violência requer intervenções e premissas interdisciplinares e estatais.

Violência e *desestruturação* são dois atos distintos. Na primeira, a destruição do outro é a marca; na segunda, a motivação para abocanhar a vida é a premissa para o desenvolvimento emocional e ajustamento criativo.

A ação ativa e propositiva não resulta em violência quando é realizada para desestruturar as situações existenciais que exigem interesse, motivação e vigor.

Considerando o enraizamento cultural dos signos agressão e destruição, e ponderando, sobretudo, a explosão da violência pública e a visibilidade da conjugal, uso os termos *desestruturação, motivação* e *autonomia* – este último um fator importante no desenvolvimento do autoconceito – para abordar a resistência e a ruptura com a violência conjugal.

Agressão deriva do latim *agressione*, e conota o sentido psicológico e social pejorativo de *conduta caracterizada por intuito destrutivo*. Por sua vez, agressividade refere-se a uma acepção positiva, *dinamismo, energia, força* (Ferreira, 1986, p. 65). Apesar da significação prosaica, é usualmente associada a atos violentos.

Acerca da desestruturação, Perls (1977) propôs a diferenciação e a integração como duas ações básicas do organismo[10], cotidianamente engajado em manter um equilíbrio dinâmico[11] por meio da satisfação de suas necessidades.

Essas ações qualitativas permitem a realização do ajustamento criativo. Presentes constantemente, contribuem para que a neurose se instale à medida que o contato e a satisfação das necessidades serão orientados pelas formas de evasão de contato.

Perls (1977, p. 26) afirmou que

> integrando os opostos, tornamos a pessoa completa de novo. Tal pessoa terá a possibilidade de ver uma situação total (uma gestalt) sem perder os detalhes. Com esta orientação desenvolvida, está em condições de lidar com a realidade, mobilizando seus próprios recursos. Não mais reagirá com respostas fixas (caráter) e com ideias preconcebidas. [...] Poderá avaliar a realidade experimentando as possibilidades. Abandonará a loucura por controle e deixará a situação ditar ações.

Trechos de um caso clínico com um casal

Antes de prosseguir o exame das proposições gestálticas sobre *desestruturação*, *motivação*, *autonomia* e *sistema ético*, apresento um trecho de um dos casos clínicos atendidos para ilustrar o enfraquecimento da possibilidade, ocasionado pela falta de integração dos opostos e do equilíbrio dinâmico, como vetor para a violência conjugal.

Ciúme, insegurança e desconfiança são fatores capazes de fomentar cisões internas e situações de violência psicológica e/ou física que talvez ocasione a morte de um dos cônjuges. Por outro lado, zelo, tranquilidade e segurança são fatores que promovem integração.

Durante o atendimento a um casal, o homem narrou diversas vezes a desconfiança que sentia a respeito da companheira, devido ao uso de um ônibus, diferente do habitual, que ela apanhou para ir encontrá-lo. Ele estava totalmente resistente à escuta, pois havia construído uma formulação rígida sobre a mulher.

Não conseguia ouvir e aceitar a explicação dela, de que usou outra condução para chegar mais rápido, pois já estava atrasada. A desconfiança era tamanha que ele se propôs a refazer o caminho que ela fizera para conferir a veracidade da narrativa.

Na minha frente, lutava para se controlar. Entretanto, alterava a voz, empinava os ombros, respirava acelerado e insistia em relacionar a ação da companheira a uma possível traição.

Um fundamento de seu medo derivava da memória das traições que ele mesmo impusera em seu primeiro casamento, e da generalização subjetiva de que todas as mulheres traem. Quando uma ideia persevera, ela pode adquirir o caráter de obsessão ou de pensamento rígido e, assim, causar sofrimento.

Uma intervenção foi solicitar à esposa, a quem chamarei de Marina[12], que nos contasse sua versão dos acontecimentos:

Marina: *Eu já estava atrasada, tomei um ônibus que sabia que ia pelo centro. De dentro do ônibus passei mensagem pra ele, dizendo que estava chegando. Quando o ônibus entrou na Dr. Feitas, percebi que ele não iria pelo mesmo caminho da linha de sempre. Desci e peguei outro, aí me atrasei mais ainda.*

Hélio: *Quando recebi a mensagem fui logo pro ponto esperar por ela. Deu a hora e ela não chegava. Comecei a ficar preocupado.*

Perguntei se Marina tinha telefonado para Hélio, ao que ela disse "não". Também disse que não passou nova mensagem, por saber que ele não acreditaria. Tal observação indicou um grau de deterioração da confiança no relacionamento do casal. Nesse caso, pude perceber que o ciúme dele já estava em um grau próximo do patológico; e a disposição afetiva dela para construir a relação estava reduzida.

Ferreira-Santos (2007), psiquiatra e psicoterapeuta estudioso do ciúme na relação conjugal, afirma que esse é um sentimento de estrutura complexa, que pode envolver somatizações e alcançar uma dimensão psicopatológica. Ele aponta alguns fundamentos que estão na gênese cultural do ciúme e sinaliza-os no campo das questões de gênero. Por exemplo, as conotações do ciúme ao longo do tempo: posse para os povos da Antiguidade; inveja na cultura greco-romana; e de interferência, atualmente, nos Estados Unidos.

No Livro dos Números, capítulo 5, versículos 11-31, a chamada "Lei sobre o ciúme" descreve o processo pelo qual um homem deve submeter sua mulher supostamente adúltera ao que podemos considerar um ato extremamente vexatório e que pode culminar no apedrejamento. (p. 15)

Na cultura greco-romana, o ciúme não está associado ao amor, e sim à inveja e à desconfiança. (p. 16)

Nos Estados Unidos, considera-se que o ciúme fere os direitos individuais. (p. 17)

Atualmente, o sentido original de zelo conotado pelo signo "ciúme" está esquecido, predominando as significações de inveja, desconfiança, agressividade e desamor. Ainda segundo Ferreira-Santos (2007),

o amor ao outro implica amor a si mesmo, ter ideias próprias, saber sentir e lidar com os próprios sentimentos; querer o outro não para viver ou completar, mas amá-lo, ser amado e enriquecer a vida de ambos. (p. 21).

No ciúme excessivo e doentio, o principal sentimento é a desconfiança. O ciumento sempre desconfia da outra pessoa. Por isso jamais acredita nela. (p. 12)

Na intervenção clínica para compreender a gênese do ciúme, é oportuno o desvelamento das raízes, da história de vida de quem o vivencia e a elaboração de experimentos temáticos que restaurem o zelo e a autoconfiança.

Quanto ao ciúme patológico, atualmente, os estudos psiquiátricos identificam características clínicas e diagnósticas de um sentimento denominado *amor patológico* que ocorre

quando falta controle e liberdade de escolha sobre a conduta, de modo que ela passa a ser prioritária para o indivíduo, em detrimento de outros interesses antes valorizados. [...] O portador de amor patológico acredita que o parceiro trará significado para sua vida, ilusão que inicialmente alivia a angústia de ter que dar conta de si mesmo. (Sophia, Tavares e Zilberman, 2005)

Ações psicoterapêuticas promovem a realização individual do ajustamento criativo; contribuem na superação da neurose; orientam os sujeitos a substituir as formas de evasão do contato; fortalecem os vínculos afetivos; substituem a desintegração pelo contato; identificam e satisfazem as necessidades. Na conjugalidade, o membro do casal que supera as pré-concepções modernas acerca do ciúme[13], sentimento que gera insegurança, ultrapassa a desconfiança.

De volta ao pensamento gestáltico sobre violência

Retomando o exame das proposições gestálticas sobre *desestruturação, motivação, autonomia* e *sistema ético*, Perls (1977) destacou a importância de alargar a concepção de aprendizagem como exercício, imitação e repetição. Sugere as ideias de autodescoberta e a vivência de novas experiências.

Tal reunião comporta a compreensão de *aprendizagem* como processo que pode contribuir para que meninos e meninas não sejam educados na cultura familiar da violência privada e dos papéis cristalizados de gênero, isto é, repetidores dos modelos aprendidos.

Conforme Perls (1975, 1977), as pessoas aprendem a articular duas concepções de moralidade: a moral absoluta, uma convicção restrita, rígida, promotora da sensação de segurança e referência para as ações classificadas como "certas e erradas"; e a moral relativa, auto--aplicada, que varia culturalmente ou segundo interesses.

Ambas derivam dos ensinamentos religiosos em torno do bem e do mal, que culminam "na concepção de que a agressão é a raiz de tudo o que é ruim" (Perls, 1977, p. 51), e não da tese "de que moral e agressão estão intimamente ligadas e dizem respeito à personalidade total ou à situação" (*Ibidem*, p. 50).

Considero que, ao superarmos a concepção de educação como imposição, sairemos do campo da moral e passaremos ao cenário da ética. Nessa perspectiva, a ética e a *desestruturação* configuram uma polaridade integrada.

A *desestruturação*, articulada à ética do cuidado e de gêneros, proverá à vida do casal e da família um fator motivacional e saudável, uma energia oportuna para superar conflitos interpessoais, permitindo que os sujeitos usem suas potências para identificar, alienar e integrar alimentos que saciem as necessidades emocionais e psicossociais.

Contudo, tal conexão não é favorecida. Na dinâmica das sociedades ocidentais são estabelecidas exigências que ficam enraizadas e passam a orientar condutas. Criam-se, então, dogmas e tabus, proporcionando aos sistemas éticos um aspecto determinado e rígido.

Nessa perspectiva, a moral estática se fixa nos atos, e não nos princípios. Quando as avaliações "bem" e "mal" são experimentadas como reações emocionais, são aceitas como atos que deslocam a qualificação maniqueísta dos objetos para pessoas ou grupos. Igualmente, as pessoas poderão ser percebidas como objetos de amor e ódio, aplausos e condenação etc.

Portanto, nas percepções sociais, cada indivíduo pode apreender o outro como sujeito bom ou mau. Nesse caso, experimentará uma escala de reações emocionais que podem incluir "docilidade" extrema, abnegação, dedicação ou indignação, vingança e agressão violenta.

Perls (1977) considerou que a intenção de identificar qualitativamente as pessoas como "boas" institui uma interferência dinâmica conjugadora e, como "más", gera uma interferência dinâmica desagregadora. No extremo da escala da energia separadora está a aniquilação, isto é, a sensação de um objeto, uma coisa ou uma pessoa como moléstia ou fator perturbador, até o grau em que se deseja suprimi-lo. Segundo Perls (1977),

> há uma interessante mistura dentro do indivíduo das duas formas morais, constituindo um duplo padrão. (p. 41)

Temos duas escalas de medida moral: nós e os outros. Assim, em vez de nos apropriarmos de nossas experiências, projetamo-las e jogamos sobre o estímulo a responsabilidade pelas nossas respostas. (p. 53)

Quando o casal não dialoga mais, o desinteresse e o desamor se instalam e a mulher passa a ser considerada desagradável, um incômodo. O homem não tem vontade de voltar para casa, retornando do trabalho cada vez mais tarde. Se as cobranças se transformam em conflito, a vontade de matar pode aflorar.

A desconstrução desses atos dogmáticos se dá pela discriminação, uma das funções básicas da fronteira do ego. Porém, quando uma pessoa não consegue diferenciar introjeção de escolha própria, pode vivenciar um conflito neurótico em que a agressão terá a função de destruir.

A efetivação da desestruturação, da motivação, da autonomia e do sistema ético se dá por meio da função apetite[14], que se atinge por atos e funções de contato: iniciativa, raiva que contribui para o crescimento; enquanto na agressão patológica, ou adoecida, os atos são voltados para a aniquilação.

Sobre a noção de ética, Perls (1975) levou em conta quatro componentes:

1. *Diferenciação*: atitude voltada para qualificar o objeto dentro do parâmetro bom e mau. Quando tentamos avaliar a conduta, fomentamos a moralização;
2. *Frustração*: oriunda do aumento da tensão que vai além do que alguém pode suportar, o que provoca sentimentos desagradáveis, mal-estar. As pessoas geralmente experimentam duas reações opostas segundo a gratificação ou a frustração de suas necessidades;
3. *Fenômeno figura-fundo*: as experiências com ações boas ou ruins são recordadas e permanecem na memória como totalidades, segundo suas afinidades e seus grupos de recordações: justo e injusto, bem e mal são ponderações morais consideradas absolutas;

4. *Lei dialética*: é necessária certa quantidade de tensão para a gratificação. Quando essa tensão cresce demasiado, a quantidade se transforma em qualidade; o prazer se transforma em dor. Quando se inverte o processo e a tensão cai, o desagradável se converte em agradável.

Perls, Hefferline e Goodman (1997, p. 47) afiançaram que a autorregulação é a meta da desestruturação, ou seja, é

> apoderando-se de velhas estruturas e alterando-as que o dessemelhante torna-se semelhante. Nesta perspectiva, a saúde resulta da desestruturação, da autoconfiança, da aquisição de suportes proveniente da experiência assimilada, geradora de crescimento realizado sem situações inacabadas. Somente o novo contato, a nova configuração permite que a pessoa tome consciência de como elaborou o antigo hábito, o estado anterior do que é abordado e ambos são destruídos em prol do novo contato.

No entanto, Perls *et al*. (1997) consideram que, na cultura ocidental, há uma tendência de suprimir a iniciativa. Desse modo, a motivação e a autonomia são menos vivenciadas por inúmeros fatores: ressentimento público contra quem é corajoso, aumento de tabus, insatisfação, queda na autorregulação, falta de contato e afeto, aumento de práticas sexuais desprotegidas, desconhecimento da sexualidade e enrijecimento da capacidade de se emocionar.

Na forma adoecida, ainda de acordo com esses autores (1997), a agressão passa a ser vivenciada como um

> passo em direção à hostilidade. Os atos agressivos são: aniquilação, destruição e raiva. Tomam a forma de violência que requer submissão e consequente desejo de matar, combater, caçar, conquistar, dominar. Aniquilar é evitar, fugir, matar, emitir respostas defensivas à dor, à invasão do corpo ou ao perigo; suprimir a existência de algo, completar a Gestalt sem esse objeto. (p. 148)

> A tentativa de assimilar é abandonada e há frustração e náusea. (p. 151)

Lobb (2002, p. 216), gestalt-terapeuta espanhola, ponderando acerca da agressividade, assegurou que esta é "uma força necessária ao organismo humano de forma ativa e criativa em seu contexto social".

Não reconhecemos a agressão, a violência e a destruição como atos relacionais. Elas são atos de ausência de zelo por si mesmo e pelo outro. Atos solipsistas. Somos veementemente contra a aniquilação do outro. Somos favoráveis ao ato motivacional que pode favorecer o ajustamento criativo e o fortalecimento das relações intersubjetivas.

A agressividade também não é uma fonte que nutre os atos violentos entre os casais. Ao contrário, pode colaborar para que o membro mais esclarecido da díade ajude o outro a vivenciar o enfoque afirmativo dos direitos humanos fundamentais, assegurando a concretização da liberdade, igualdade e dignidade mútua. No campo sexual, a agressividade pode facilitar a propagação dos princípios éticos e das condições capacitantes, como diversidade sexual[15], controle da identidade sexual, equidade de gênero, informação sobre saúde, sexualidade e métodos contraceptivos etc. (Barbosa e Parker, 1999).

Nas organizações familiares, o amor, o diálogo e a desestruturação motivacional compõem um conjunto refinado de elementos que favorecem a redução da tensão e do conflito intragênero, entre gêneros e geracional.

5 | Uma mulher casada em psicoterapia

Na clínica-escola da Universidade Federal do Pará (UFPA), em uma das inúmeras conversas sobre família, vínculos e violência psicológica, Carolina[16], uma mulher de 37 anos, dois filhos de diferentes casamentos, vivenciando o terceiro com um homem mais jovem, relatou a experiência de um conflito em sua família de origem. Oscilava entre exercer a autonomia e a liberdade, sem depender do dinheiro familiar, e a "segurança", proporcionada por esse dinheiro.

Sentia-se, algumas vezes, incompetente, com baixa autoestima, pressionada pelas rígidas aprendizagens da casa paterna.

A desordem íntima foi originada pela maneira como o dinheiro circulava em sua casa ascendente: o pai-patriarca era o provedor. Controlava a grana e as mulheres (esposa e três filhas). A mãe brigava com o marido e com as filhas, sobretudo com Carolina, a mais velha, consumista e medrosa.

Carolina temia perder o afeto de um e de outro e, portanto, nunca tomava partido. Ela sofria, em casa, várias formas de violência, exceto a física. Porém, foi violada sexualmente, aos 12 anos, por um frequentador da casa, alguém com quem tinha laço sanguíneo.

Vivia em um casulo interno, ainda sem se transformar em borboleta. Casou aos 15 anos para "fugir" de casa. Não deu certo. O modelo ascendente de família, conjugalidade e figura paterna permaneciam dentro dela.

Neste ínterim, o pai se separou da mãe, brigou com as filhas e o caos da disputa financeira se instalou na antiga casa da família. Carolina engordou demasiadamente, violentando seu corpo com a ingestão exagerada de alimentos em busca da supressão da fome emocional e da desnutrição psicológica (Pimentel, 2005).

Mais tarde, o pai morreu. Quando a encontrei, ela estava em pleno processo de recuperação de alguns reveses existenciais e repercutia a perda do pai, que, até então, havia sido o provedor das necessidades econômicas de todos os membros da família.

Sua mãe, diante de todos os conflitos – a traição do marido, que a "preteriu" por outra mulher –, passou a cometer atos de agressão destrutiva em relação à partilha da herança.

Tal procedimento me sugeriu o aprisionamento da genitora no enredo da violência psicológica. Sua mãe, para manter estável seu autoconceito, recorria à destruição da imagem do marido.

A vingança e a agressão destrutivas obscureciam-lhe a visão do horizonte. Todos à sua volta eram "culpados" pela sua dor, e logo seriam punidos. Esse modo de pensar cria uma circularidade entre as ações e a mudança, mantendo o sujeito imerso na situação de violência.

A psicoterapia e o trabalho ajudavam-na a atualizar as premissas que aprendeu na infância e a reconstruir a autoimagem, a autoestima e o autoconceito.

Carolina relatou-me a dor que sentia com a atitude da mãe e de uma das irmãs durante a partilha do espólio deixado pelo pai. Disse-me: *O dinheiro extingue a memória afetiva e cria vínculos baseados no desejo de vingança.*

Com o apoio de inúmeros suportes externos – psicoterapia, trabalho, amigos e filhos, e, principalmente, por meio dos suportes internos –, identificou o sistema que punha a funcionar sua agressividade motivacional, coragem, tenacidade, sensibilidade para administrar a empresa que o pai deixou etc.

Carolina aprendia a lidar com o conflito. Deixou de vigiar e de se esforçar para ser quem não era. Desse modo, reformulou seu ajustamento criativo no mundo.

Em síntese, com essa ilustração, penso que foi possível fornecer indicadores para reconhecer um pouco da dinâmica da agressão destrutiva e da desestruturação motivacional aplicada aos conflitos.

6 Um homem descasado em psicoterapia

As sínteses que cada homem faz de suas aprendizagens pode instalar conflitos conjugais. Neste capítulo, antecipo um pouco da intervenção clínica apresentando o depoimento de um homem, a quem chamarei de Artur, cujo casamento foi cenário de violência psicológica.

Atendi Artur em 2009. Quando chegou à clínica-escola, estava separado. Chegou ao projeto de atendimento a casais indicado por uma assistente social. A queixa inicial não foi relacionada à violência psicológica durante o casamento, mas ao esgotamento do sentimento e do desejo da esposa em manter o vínculo do casal.

A ruptura dos laços matrimoniais foi promovida pela ex-esposa. Artur não desejava, não aceitava, não queria a separação. Imerso em dúvidas sobre os próprios sentimentos, procurou a psicoterapia. Seu objetivo, contudo, não foi ampliar o autocontato e dirimir as ambiguidades, mas mostrar à ex-esposa seus esforços em mudar comportamentos que não a agradavam.

No entanto, Artur não conseguiu "fazer" que ela voltasse para casa, confirmando o que Thurler e Bandeira (2009) asseguraram:

> Apesar dos riscos de violência, as mulheres efetivamente se separam. O quadro das dissoluções crescentes das uniões legais é produzido, sobretudo por decisão das mulheres. Ao assumir a decisão de se separar,

a mulher quebra o paradigma patriarcal de que, para terminar relacionamentos afetivos, a prerrogativa de escolha seria masculina, conforme a divisão sexual do poder existente nas relações de conjugalidade (p. 171).

Ao acabar com um relacionamento, a mulher deslegitima essa regra do jogo posta pelas relações sociais de sexo/gênero e reivindica uma redistribuição sexual do poder (p. 172).

Em Gestalt-terapia, a meta do atendimento não é a mudança, mas a tomada de consciência de quem se é. Segundo Perls (1977), a mudança só ocorre se o paciente descobrir quem foi.

Em relação a seu autoconceito, Artur se expressou da seguinte forma:

> O pouco que me lembro da minha infância não é nada bom, pois fatos que marcaram minha vida em família não foram nada fáceis para mim, que fui criado no meio de brigas entre pai e mãe, além de problemas com irmãos que apresentavam comportamentos inadequados para a idade que, na época, era pouca. Eu acabei tendo de observar os erros de meus irmãos para não cometer os mesmos deslizes.
>
> Lembro que também fui um bom aluno, até mesmo porque foi depositada em mim a esperança de meus pais de ter um filho graduado, pois nenhum de meus irmãos, tanto por parte de pai ou mãe, conseguiu se formar.
>
> As minhas relações sociais sempre foram boas, até mesmo porque fui criado em um meio muito bom, pois quando tinha 15 anos, vim morar com minha tia, que, por ser juíza, apresentava um grande nível social, assim como minha família por parte de pai.
>
> Quando comecei a trabalhar, tive de mostrar para mim mesmo que eu podia me tornar um excelente profissional, buscando sempre o melhor, e acabei me tornando um bom professor, profissão

esta que já venho exercendo há um bom tempo, há exatamente 15 anos. E foi como professor que conheci minha ex-esposa, pois atualmente estamos em processo de separação.

Bem, confesso que minha estatura não é uma das mais apreciadas, pois tenho apenas 1,62m de altura, essa é uma das poucas coisas que eu poderia numerar como um pequeno tormento, mas que não tem me prejudicado, principalmente no trabalho e com as mulheres; sempre tive belas namoradas.

Não fui muito namorador. Sempre tive sonhos como me casar na igreja, ter o primeiro filho depois de dois anos de casado, me dedicar à família oferecendo conforto, amor, lazer, atenção etc.

Acredito que não fui o melhor marido, mesmo porque minha esposa recentemente pediu separação, e ainda procuro descobrir o motivo.

Atualmente, venho procurando descobrir em mim um ser humano melhor, até mesmo porque as acusações que recebi de minha ex-esposa foram as de que eu era grosso, ciumento, possessivo, agressivo (verbalmente). Que fique claro: nunca encostei um dedo em nenhuma mulher, até mesmo porque não permitia que meu pai batesse em minha mãe.

O relato de Artur indica sua luta existencial. Com 36 anos, curso superior completo, expressou nas reflexões sobre seu autoconceito algumas das pressões vividas por homens heterossexuais que repercutem no psiquismo e na subjetividade: imagem física (baixo), exigências de "salvar" a família do status socioeconômico pobre, perfeccionismo e tentativa de manter o controle das coisas e das pessoas.

O conjunto das elaborações presentes em sua bagagem existencial repercutiu no casamento e tornou-se parte dos fatores geradores da violência psicológica entre o casal.

Durante a psicoterapia breve, em busca da conscientização, expansão das fronteiras de contato e desconstrução de alguns aspectos de sua aprendizagem presentes em sua subjetividade, enfrentou dissonâncias afetivas e cognitivas. Arrependia-se das decisões tomadas de "cabeça quente".

Descreveu a ex-esposa como uma "boneca", alguém hipoteticamente "incompetente" nos campos profissional e familiar, já que ela lhe parecia *imatura e preguiçosa. Ótima mãe, mas despreocupada com a arrumação da casa, sem um trabalho bem-remunerado e com ensino superior incompleto.*

Tais adjetivações são indicadores da violência psicológica praticada por Artur. Ele sintetizou o "fracasso" de sua união conjugal em um tripé: autoritarismo, ciúme e controle.

Artur era formado, ganhava um bom salário e queria determinar as normas de funcionamento da casa e do casal. Centralizava as decisões econômicas e ressentia-se pelo que considerava *descaso* da ex-esposa, que não sabia quanto ganhavam ou quanto deviam. Em planilhas feitas no Excel, Artur dimensionava a dinâmica financeira da família.

A descrição feita por Artur, o pai-marido, sugeria uma apreciação cômoda de tal situação pela ex-esposa. Contudo, a incomunicabilidade do casal, o desconhecimento recíproco dos sentimentos e desejos íntimos aprofundava os ressentimentos mútuos, fortalecendo a decisão de separação tomada pela ex-mulher.

Artur não revelava que se sentia sobrecarregado por trabalhar muito e pelo *sustento emocional* da ex-mulher, já que devia, após o longo dia de trabalho, buscá-la na faculdade, pois ela tinha medo de voltar sozinha (a região em que moravam era um pouco violenta). Pensava, sem dizer: *Também tenho medo de andar sozinho, de sequestro, mas quero transmitir a ela autoconfiança, não quero deixá-la preocupada.*

Tal forma de subjetividade é bastante comum à socialização dos homens heterossexuais. Mostrar-se protetor, forte, viril, desprovido de emoções.

E o que restava à ex-esposa? Compactuar da situação, vivenciando o papel da filha-mulher? Sair e tornar-se autônoma e independente emocionalmente?

Parecia que ela buscava a segunda opção. Desse modo, rompia com a "educação sexista recebida, que coloca a preservação do relacionamento por si só como um valor, levando a introjetar o conformismo diante de uma suposta inexorabilidade de relações hierarquizadas e marcadas por diferentes graus de violência" (Thurler e Bandeira, 2009, p. 173).

Enquanto isso, Artur mergulhava na avaliação de seu percurso existencial. Foram sete anos de convivência, *tempos de alegria e de vivências ruins, de sufoco e ansiedade, de amor, de costume*.

Sim, a conjugalidade é atravessada por esses e por muitos outros sentimentos que podem movimentar a união favoravelmente, em prol do crescimento do casal, quando o dialogo é instalado.

Ouvir atenciosa e atentamente o que contraria o modo individual de pensar é uma das qualidades mais difíceis de praticar no cotidiano das uniões conjugais. Assim, a fronteira do respeito é ameaçada continuamente, e as frustrações dos parceiros podem se cronificar, resultando em tentativas de "aniquilar, quebrar psicologicamente, coisificar e não ver os sentimentos" (Hirigoyen, 1999, p. 31).

Para Artur, o casamento acabou devido à *imaturidade dela, insegurança, falta de projetos pessoais, incompetência na organização da casa, sobrecarga no âmbito financeiro, já que ele é o principal responsável pelo sustento do casal*.

Até esse momento, Artur não apontara claramente, pela falta de conscientização, suas responsabilidades a respeito da separação. No início da psicoterapia breve, lamentou o sofrimento, reclamou que não desejava a separação e rememorou que se casou para *esquecer um amor* profundo que não pôde concretizar: *Aprendi a amar minha ex-esposa*.

Quanto aos sentimentos, Artur sente raiva da ex-esposa, que "acabou" com a idealização da família "perfeita", a despeito das insatisfações acumuladas. *Não quero me desfazer de desfrutar o convívio com minha filha e com ela. Tenho vontade de punir, tirando o plano de saúde*.

Diarreia e insônia são manifestações psicossomáticas derivadas do desgaste emocional de Artur. Mesmo separados, continuavam jogando: agora o jogo do *vamos ver quanto poder hierárquico ainda tenho sobre você*.

Segundo Artur, a ex-esposa telefonava muitas vezes por dia solicitando atenção a questões simples, que ela mesma poderia solucionar. No afã de reconciliar-se, Artur atendia ao chamado e voltava a sustentar a interação oferecendo benesses[17] materiais, prontamente aceitas pela ex-esposa. Quando percebia que o resultado esperado não seria alcançado, fugia dela, chorava, agredia, desligava o telefone celular, cessava a bajulação e a sedução, ameaçava pedir o divórcio judicialmente.

Repetia o circuito de violência psicológica. "A separação não vem interromper a violência, ela prossegue através dos poucos laços relacionais que possam existir, e, quando há filhos, ela passa através deles" (*Ibidem*, 1999, p. 36).

Em uma das sessões, Artur descreveu a interação do casal:

> Tenho hábitos diferentes dos dela. Sou organizado, ela é acomodada, desmotivada, sem metas, sem paixão pelo trabalho que faz. Quero que ela faça um concurso, mas ela chega cansada e não estuda. Desejo que ela se nivele financeiramente a mim.

Artur também expressou que, após o período crítico da separação, em que sofria por estar sozinho na casa, passou a se descontrair no quesito desorganização. Já não guardava as roupas no armário, nem sempre arrumava a cama e, com isso, sentia-se mais leve. Tal observação apontou a ruptura de uma rígida fronteira de contato e do papel social exigido a si mesmo e à esposa. Percebeu que poderia superar o temor à desorganização interna.

Artur não admitia que sua "imatura" esposa tivesse efetivado sua ação libertária, rompendo o casamento. Ela, que supostamente era a "infantil", dependente emocional e financeira, conseguiu romper os grilhões psíquicos e sair em busca de si mesma.

Durante a psicoterapia breve, realizamos intensos trabalhos de reapropriação dos desejos, necessidades figurais, da corporeidade por meio da reaprendizagem da respiração e da visualização no espelho, para identificar as significações de suas expressões faciais e gestuais. Às vezes Artur não tinha consciência da postura adotada: cabisbaixo e com os ombros caídos.

As sínteses existenciais que orientam o comportamento de Artur derivaram de experiências rígidas, sobretudo após a saída da casa paterna em busca de um horizonte econômico; da superação da violência do pai praticada com sua mãe.

Na casa da tia paterna em que passou a viver, desenvolveu os hábitos da superorganização, que visavam a não incomodar a rotina da "nova" e rica família que "gentilmente" o recebeu.

De origem socioeconômica bastante diferente, Artur se esforçava para adequar-se; portanto, cultivou um solo fértil para a futura explosão da violência psicológica proveniente da aprendizagem da moral absoluta e da agressão destrutiva.

Atualmente, Artur busca superar a prática que, algumas vezes, o faz agir como se fosse dono da alteridade. A formação familiar é um suporte das justificativas da reprodução da dominação e da resistência, polos de uma mesma ação.

A psicoterapia breve é um dos procedimentos que integram o processo permanente de socialização secundária, isto é, uma ferramenta de que a clínica social engajada dispõe para reconstruir as relações de gênero e intragênero com novos signos positivos, que transcendam o masculino e o patriarcado.

Esse procedimento tem contribuído com a reconfiguração das manifestações afetivas de Artur, da autoconfiança e da responsabilidade no que concerne à superação da violência psicológica conjugal.

Poderá, igualmente, cumprir a premissa de que nenhum homem[18] tem a vontade, o desejo, a intimidade, o pensamento ou qualquer outro núcleo da subjetividade outorgado por violentadores de qualquer espécie.

A liberdade existencial é autônoma. Precede a física, a social, a econômica. Vinculada à liberdade filosófica, suporte ideológico da inserção pessoal privada e pública, sustenta-se e expande-se. Artur está na vereda da reconfiguração de sua liberdade.

7 | Enfrentamento da violência psicológica

Na dinâmica do conflito conjugal podem flutuar as várias modalidades de violência. Todas se configuram como brutalidades.

A violência psicológica é uma forma de brutalidade que atinge o autoconceito, a autoimagem e a autoestima de alguém. É gerada em diversos contextos de desnutrição psicológica (Pimentel, 2005, 2008).

A desnutrição psicológica é um processo forjado na casa em que os membros do casal cresceram, ou nas residências-abrigo[19] em que foram viver devido às rupturas dos vínculos familiares ou, ainda, no domicílio de parentes onde moraram até alcançar o espaço de instalação da própria unidade conjugal.

Na conjugalidade violenta, o casal investe sua ira ou sua dor contra a mulher e/ou filhas e filhos. O homem e/ou a mulher, alcoolizados ou não, drogados ou não, batem nos filhos ou negligenciam-nos, se embriagam lentamente ou se descuidam de si mesmos.

O descuido de ambos consigo próprios, com a casa e com os filhos pode provocar alteração na percepção do autoconceito e um processo crônico de afastamento das necessidades do eu, culminando em neuroses de contato ou rupturas psicóticas com a realidade.

O contexto em que a violência privada ocorre nas casas em que maridos, amantes, namorados ou namoridos[20] batem em companheiras[21] e/ou filhos, deixando hematomas ou membros quebrados.

Ela está relacionada ao ato *privado* vivido no casamento tradicional ou nas interações conjugais "pós-modernas". Muitas vezes, embora acabados os vínculos, a união é mantida convenientemente, atravessada pela conveniência econômica e pelo silêncio.

Tanto nas configurações do relacionamento formal (casamento) quanto nos arranjos conjugais estáveis, as interações carinhosas, os sentimentos de amorosidade resultam empobrecidos:

a) Pelo mútuo afastamento afetivo;
b) Pelo peso do cotidiano, que estabelece o desinteresse;
c) Pela despreocupação do casal em manter-se amoroso, comunicativo, criativo[22] e vinculado, para não favorecer a explosão da violência psicológica.

Entre homem e mulher[23] existe potencial de atos de violência psicológica. Embora em escala mais reduzida, não perdemos de vista que a violência também ocorre com homens agredidos fisicamente por suas companheiras.

Em todas essas situações, o corpo é dessacralizado:

> Em meados dos anos 1970, um cineasta medíocre e até então especializado em produções pornográficas, realiza filmes que, por sua violência crua, marcam uma ruptura estética no cinema de terror. H. Gordon Lewis não sublima mais o horror, nem mais faz sonhar com o medo como era de praxe. Ele mostra de maneira exacerbada o despedaçamento dos corpos, o correr do sangue, as mutilações infligidas às vítimas, os assassinatos selvagens. A eufemização da violência, que destilava a angústia do espectador e mantinha a sacralidade da pessoa e do corpo humano, desvanece diante de uma grande "marionete" acentuada pelos "closes", que colocam os olhos do espectador no sangue e na carne morta. (Le Breton, 1995, p. 57)

Por tudo o que foi exposto é cogente reconfigurar a violência psicológica conjugal adotando: a perspectiva da desestruturação e da agressividade como o sentido de *elemento motivacional*, pois as ações humanas requerem iniciativa, autonomia e investimento emocional na direção da criação, do interesse, da tenacidade e da autoconfiança; a concepção de cuidado na dimensão ontológica, aquela que inclui todos os sujeitos, e não apenas a mulher (Boff, 2007; Pimentel, 2008); a abordagem proposta em Giligan (1982) para refletir a questão de gênero, "na orientação moral primária de meninos e homens, e na de meninas e mulheres, há tendências de empregar estratégias diferentes de raciocínio e de aplicar temas e conceitos morais distintos na formulação e resolução de problemas éticos" *(*Zoboli, 2004, p. 25).

Completando o raciocínio e a argumentação, apresento um diagrama da dinâmica da autonomia motivacional que pode ser útil em duas frentes: no enfrentamento da violência psicológica e na formação de Gestalt-terapeutas interessados na pesquisa-intervenção da violência conjugal privada.

Quadro 1. Dinâmica processual da autonomia

Objetivos	Desenvolver autoconceito positivo
	Identificar necessidades, alimentos nutritivos e cuidadores amorosos
	Alienar alimentos não digeridos
	Resolver conflitos no campo/contexto geográfico e psicológico
Processo	Desestruturar as situações por meio do metabolismo dental e mental
	Assimilar nutrientes
	Contatar, eliminar a dor e a desorganização interna
Resultados	SAÚDE: integração, criatividade

PARTE II
O fundo

8 | Nutrição psicológica, autoconceito e prevenção da violência

Entendo que a prevenção e a redução da violência psicológica conjugal são processos ligados ao desenvolvimento emocional de crianças que vivem em famílias consanguíneas amorosas ou são cuidadas por famílias expandidas ou reconfiguradas igualmente afetivas.

Também derivam de aprendizagens sustentadas na arte da nutrição psicológica, que contribui com a conformação do autoconceito autônomo, corajoso e existencialmente positivo, pelas trocas entre pares e adultos significativos e pela ação do Estado, provendo os recursos materiais e políticas para o bem-estar social dos sujeitos.

A violência psicológica é uma prática ligada à desnutrição psicológica e à fome emocional de pelo menos um dos membros do casal ou de ambos. Para que seja entendida a proposição conceitual, que é uma ferramenta de análise dos dados empíricos da pesquisa, detalho a fundamentação do conceito de nutrição psicológica.

As categorias *nutrição psicológica* e *fome emocional* (Pimentel, 2003, 2005, 2008) surgiram de investigações com crianças e adultos: alunos do primeiro ciclo escolar, alunos e docentes das áreas de psicologia e nutrição da Universidade Federal do Pará, testadas na Universidade do Porto, no período do estágio pós-doutoral.

São conceitos em permanente revisão, para que a apropriação teórica possa ter sentido quando aplicada à clínica psicológica. A argumentação se baseia nas premissas gestálticas das metáforas do metabolismo dental e mental e do isomorfismo fisiológico e psicológico. Em *Nutrição psicológica* (2005), descrevi a fundamentação. Desse modo, aqui pontuarei apenas alguns aspectos importantes ao entendimento da agressão motivacional e da fome emocional, e trechos da atualização que não estão na referida obra.

Perls (1975) associou o desenvolvimento do instinto de fome ao incremento dentário, cujos estágios são: a) pré-natal: antes do nascimento; b) pré-dental: mamar; c) dental: incisivo, morder; d) molar: morder e mastigar. Afirmou que a capacidade de mastigar e desestruturar alimentos é uma saída biológica para o crescimento saudável, bem como para a utilização adequada da agressão biológica, função responsável pelo contato emocional entre homem e mundo.

Essas configurações permitem compreender que o desenvolvimento emocional e social saudável ocorrem quando a criança é orientada para manter-se ativa, aplicando os dentes e a agressividade positiva ou motivacional na desestruturação do alimento mental.

Ao ouvir algumas crianças, cunhei o conceito de *nutrição psicológica*, entendido como a disponibilização de alimentos afetivos que formam a base do ajustamento criativo. Pondero que uma criança que recebe tais mantimentos efetiva um processo de metabolização psicológica em que os dentes emprestam a qualidade de suas funções às ações do Eu. Analogamente, por meio da digestão psicológica, quebra em partes, corta, rasga e tritura as orientações e informações contidas na educação familiar e nos padrões de socialização da cultura em que vive.

A base da analogia com o isomorfismo é limitada, na medida em que a eficiência da mastigação aumenta aproximadamente 40% do nível do adulto em torno dos 6 anos e não alcança o nível adulto até os 16 anos; as crianças e os adolescentes tendem a engolir seu alimento e deglutem grandes porções, pois seu sistema digestivo é capaz de manusear os grandes pedaços de alimento (Moi Neto, 2000).

De posse dessas informações, a nutrição psicológica é um processo: a) mais lento que o orgânico, pois depende de pessoas que ofereçam meios de aprendizagens voltadas à autonomia; b) que se refina, isto é, que se atualiza, já que a criança, à medida que se desenvolve, vai tomando consciência de si mesma e das tramas das relações sociais.

Assim, para que o infante e o adolescente realizem a metabolização na dinâmica da nutrição psicológica, é oportuno vivenciarem os processos interligados de: a) aprender a identificar as próprias necessidades, apreciar, classificar os alimentos recebidos e as formas como são oferecidos; b) considerar o poder pessoal para avaliar e escolher; c) eleger substâncias nutritivas para estabelecer a independência psicológica; d) reconhecer a subjetividade e a alteridade como instâncias independentes, porém em relação; e) formar a autoestima e autoconceito fortes, positivos, criativos e saudáveis.

Embora os processos cognitivos de abstração estejam vinculados à adolescência, ressalto a importância de os compreendermos como vivências de um conjunto de transformações biológicas, subjetivas e sociais. Esse enfoque permite considerar que os processos cognitivos estão vinculados a um *continuum* de aprendizagens iniciadas na infância, em casa, na escola, na turma, com indivíduos significativos e de confiança.

A nutrição psicológica da criança será mais saudável quanto mais ela aprender a mastigar, a cortar, a engolir e a expelir os alimentos sem que esses atos signifiquem seu isolamento e rotulagem na violência psicológica. O resultado dessa aprendizagem pode ser uma expressão do Eu livre das pressões para uniformizar o gosto e a capacidade de eleger. Ao escolher, a criança vai se "tornando sujeito da linguagem, do pensamento, de suas relações pessoais e projetos – todos esses processos são ativados pela intencionalidade" (González-Rey, 2002, p. 33). Na sequência, o adolescente se movimentará no mundo com segurança, tornando-se um adulto capaz de dizer sim ou não de acordo com o contexto de suas demandas. Em síntese, crianças bem nutridas psicologicamente talvez enfrentem os limites impostos pela cultura branca e adultocêntrica que nega a elas (e aos idosos) o direito de falar, pois o mundo da palavra valorizada, e da produção, ainda é dos adultos. Apenas discursivamente o mundo é de todos, para todos, e para pleno exercício dos direitos humanos.

Fome emocional

A fome emocional gera deslocamentos para diversos campos: alimentar, bebida, compras, comportamento sexual e violência conjugal. Preveni-la talvez permita à criança, sobretudo ao adolescente, não desenvolver essas formas adoecidas de relacionamento.

No campo da alimentação, quiçá previna a instalação da fome de nada ou da anorexia; da fome de boi ou bulimia e da fome compulsiva, cujos traços podem presentificar-se principalmente na obesidade.

No campo da violência conjugal, talvez previna a incidência de homicídios ou mutilações, humilhações, maus-tratos, negligência, não provimento de experiências afetivas, sociais, escolaridade etc.

A fome emocional é regulada pelas lacunas promovidas pelo descuido familiar dos pais ou do cuidador nos campos afetivo, educacional e social. Desse modo, constitui-se como faltas, por exemplo a falta de amor sentida pelos indivíduos que foram ou são constantemente submetidos ao abandono emocional pelos familiares e por todos os membros significativos da comunidade da qual fazem parte.

A fome emocional apresenta como sinais as sensações de: a) baixa autoestima, não ser amado, apreciado, admirado; b) solidão em meio à multidão; c) incapacidade de começar e finalizar projetos; d) não ter carinho, atenção e incentivo; e) menos valia, autodepreciação e autoimagem negativa; f) incompreensão. Todos os indicadores citados são efeitos da nutrição psicológica deficiente.

Podemos agregar o conjunto de sinais nas categorias:

1. *Nutrientes afetivos intrapessoais*: abrangem o autoamor, a autoestima e o conceito de si mesmo.
2. *Nutrientes afetivos relacionais*: abarcam o amor ao outro, respeito, admiração e valorização pessoal.
3. *Nutrientes profissionais*: compreendem a automotivação, oportunidades de trabalho e reconhecimento da capacidade produtiva.

4. *Nutrientes corporais*: cuidados com a aparência, alimentação e práticas físicas; sentir-se belo independente dos padrões estéticos.
5. *Nutrientes sexuais*: ter vida sexual ativa.

Para identificar as áreas mais incidentes da fome emocional, criei um formulário e um crivo,[24] configurando um instrumento de avaliação qualitativa que usamos com crianças maiores de 10 anos, adolescentes e adultos para identificar as necessidades psicológicas.

A prevenção primária é uma estratégia para enfrentar alguns deslocamentos que o afeto pode assumir, por exemplo, a violência psicológica. É imprescindível oferecer às crianças e aos adolescentes suportes familiares, criar espaços coletivos de reflexão lúdica para que entendam as formas como a cultura capitalista organiza a ideologia para os modelos corporais e as regras de comportamento, que abrigam as formas de alimentar, vestir e identificar-se.

No que concerne às manifestações de violência psicológica, a compreensão da desnutrição psicológica requer que criemos estratégias psicodiagnósticas e interventivas.

O formulário, somado a entrevistas, observações, escuta e valorização da experiência do paciente, permite identificar os suportes emocionais, a qualidade da autoimagem, da autoestima e do autoconceito. O mapeamento dos recursos internos do paciente incentiva saídas criativas para o ajustamento psicológico e social e evita que manifestações de faltas nos campos afetivo, sexual, gestual ou verbal, descontrole das emoções, alimentar e alienação do mundo se intensifiquem ou se tornem referências orientadoras de relações neste período de grande fome emocional e desnutrição psicológica em que vivemos.

Autoconceito

Para compreender o autoconceito, apresento estudos realizados por Villa-Sánchez e Escribano (1999); Giavoni e Tamayo (2003, 2005); e Marinho (1999).

Villa-Sánchez e Escribano (1999) citam pesquisas que definem três componentes do autoconceito: *cognitivo*, referente ao conjunto de características de alguém; *afetivo*, que diz respeito às avaliações que fazemos a respeito de nós mesmos; e *comportamental*, isto é, a conduta relacionada às características e avaliações.

Quanto à possível relação entre nutrição psicológica, formação do autoconceito e vivência de conflitos no cotidiano conjugal, observei durante a psicoterapia de casais que os indicadores da violência psicológica eram derivados de vários fatores:

a) vivenciar o descaso materno com ausência paterna;
b) competição entre mãe e filha;
c) aprendizagens rígidas[25] acerca do funcionamento da casa no que se refere ao grau de arrumação e organização dos objetos etc.;
d) percepção de que o valor pessoal era uma derivação da riqueza.

Conforme Villa-Sánchez e Escribano (1999, p. 13), "quando uma pessoa não possui autoconceito adequado, não pode estar aberta às próprias experiências afetivas e, principalmente, aos aspectos desfavoráveis de seu caráter".

De acordo com os autores, o autoconceito requer diferenciação entre o si mesmo e o outro; imagem corporal, expansão do si mesmo e do senso de valor pessoal, amadurecimento físico e reformulações periódicas. Eles afirmam que o autoconceito desempenha um papel central no psiquismo do indivíduo, sendo de grande importância para a experiência vital, a saúde psíquica, a atitude para consigo mesmo e com os demais e para o desenvolvimento construtivo da personalidade.

A autonomia permite: elaborar o sentimento de independência e a confiança em si mesmo; desenvolver uma relação familiar de afeto e cuidado; apreender o sentido da própria competência e da aparência física; constituir qualitativamente a autoestima e o autoconceito.

Giavoni e Tamayo (2003, 2005) relatam os processos de validação dos inventários masculino e feminino dos esquemas de gênero.

Os artigos fazem, respectivamente, uma breve revisão dos estudos psicológicos sobre autoconceito e apresentam a teoria em que se baseiam as análises de seus dados: o conceito de autoesquema proposto por Markus e colaboradores; e o refinamento do instrumento elaborado em 2003, revisto criando duas novas escalas, o Imega, para medir o autoconceito masculino, e o Ifega, para medir o feminino.

> O esquema masculino, constituído por características autodescritivas provenientes do conceito de masculinidade é composto por três fatores ortogonais (egocentrismo, ousadia e racionalidade); o esquema feminino é composto por quatro fatores principais (integridade, sensualidade, insegurança e emotividade) e um fator de segunda ordem – a sensibilidade. (Giavoni e Tamayo, 2003, p. 256)

Para esse autores (2005), os esquemas de gênero apresentam-se como estruturas maleáveis, compostas de uma rede de associações cognitivas que variam quanto à complexidade, e que determinam padrões perceptivos que influenciam os processos racionais, emocionais, comportamentais e atitudinais do indivíduo em relação a si e aos outros.

Marinho (1999) desenvolveu um estudo exploratório experimental para verificar o autoconceito de crianças com idade entre 7 e 9 anos, relacionando-o às dificuldades de aprendizagem em uma escola pública. Elegeu a escola como base da investigação já que, nela, a criança passa bastante tempo de sua vida e estabelece relações afetivas e sociais que interferem de forma favorável ou não na formação de seu autoconceito.

> A elaboração dessa imagem começa na infância. Muitas vezes são os pais e familiares que contribuem para a insegurança dos garotos e adolescentes. Mas os colegas de escola também atrapalham quando zombam de quem tem pouca habilidade nos esportes ou é atrapalhado para escrever ou na hora de fazer contas. E alguns professores têm ainda sua parcela de responsabilidade nesse processo. (Marinho, 1992, p. 2)

9 Para compreender e criar, é necessário pesquisar

Motivações

Desde 2002, problematizamos a violência praticada na esfera privada (famílias). A leitura sobre a violência conjugal, sobretudo a modalidade psicológica; participações em debates nos eventos organizados pelo Encontro Internacional de Gêneros; Grupo de Pesquisas Eneida de Moraes (Gepem); Secretaria de Justiça e Direitos Humanos (Sejudh); Grupo Orquídea de Defesa dos Direitos dos Homossexuais; Faculdade e Mestrado em Psicologia da UFPA; pesquisas desenvolvidas pela equipe do Núcleo de Pesquisas Fenomenológicas (Nufen), na Delegacia da Mulher de Belém (Deam) e na Clínica de Psicologia da UFPA geraram as questões norteadoras deste livro:

a) As dificuldades intrapessoais de cada membro do casal que contribuem para gerar o conflito conjugal estão relacionadas ao processo de construção do autoconceito?
b) Que suportes, tanto internos como externos, revelados na psicoterapia breve sustentam o poder pessoal e favorecem a superação da violência psicológica?

O estudo das violências não é, e não pode ser, apenas uma moda na universidade. Nosso grupo sustenta os fazeres científicos e sociais através de uma prática que nomeei *psicologia clínica socialmente engajada*, premissa que focaliza a determinação plural dos processos de subjetivação e amplia o olhar da intervenção e da pesquisa em psicoterapia para além do exame da interioridade, a favor da compreensão da dialética entre sujeitos e sociedade (Pimentel, 2009).

A psicologia clínica gestáltica socialmente engajada requer interdisciplinaridade: serviço social, medicina, direito, pedagogia, história, sociologia etc. Campos específicos de estudo propondo e agindo nos espaços públicos determinados no trabalho de orientar famílias, criando e comunicando formas de romper com a violência.

A extensão das contribuições dessa premissa será a elaboração de investigações e intervenções dialógicas entre pesquisadoras e profissionais; e entre estas e os legisladores que estabelecem políticas públicas para educação, saúde, trabalho e segurança.

Especificamente, a respeito da dimensão psicológica da violência, de antemão, não considero que a dependência emocional ou afetiva que acomete as mulheres assemelha-se à síndrome da dependência química descrita por Norwood (2005) em quinze características no perfil que traçou de mulheres que amam demais.

Aqui, discordo da descrição da página 38 do livro *Mulheres que amam demais*. Segundo a autora, "todas as mulheres que amam demais possuem um acúmulo psicológico de experiências que poderia levá-las a abusar de substâncias que alteram a mente, para fugir de seus sentimentos".

Em minha experiência clínica, percebo que fatores como ressentimento, desejo de vingança (diferente do anseio por justiça), fadiga do casal, potencialização da culpa do outro com total ou parcial desresponsabilização, circularidade no pensamento – que insiste na saída do outro do entorno afetivo e social –, autoconceito, autoimagem e autoestima desvalorizados ajudam a manter o "ex-casal", pessoas aprisionadas na teia da violência psicológica.

A perspectiva da compreensão e do conhecer

A produção do conhecimento científico nas ciências humanas e da saúde é orientada por modelos explicativos e compreensivos que, por sua vez, configuram traços quantitativos, qualitativos e quantitativo-qualitativos.

Goldenberg (2003) considerou que a condução de uma Pesquisa Qualitativa (PQ) depende, dentre outras coisas, da biografia do pesquisador, de suas opções teóricas, do contexto amplo e das imprevisíveis situações do dia a dia.

Em nosso grupo de pesquisa, as investigações são expostas sob a consideração de três polos: teórico, morfológico e técnico. No primeiro, a abordagem clínica gestáltica, os estudos de gênero e família, da subjetividade e alteridade, da linguagem e semiótica, da fenomenologia existencial etc. são algumas referências para o diálogo empírico. No morfológico e no técnico, por sua vez, analisamos pesquisas, histórias de vida, estudos de caso e multicasos, procurando exercitar a ação conjunta de produção do conhecimento, isto é, envolver sujeito-informante e sujeito-pesquisador na reflexão da questão problematizada.

Os processos de subjetivação são visados na PQ em psicologia clínica. De acordo com González-Rey (2002), definem-se como ações que se efetivam pelo intercâmbio entre a unicidade e a complexidade dos sujeitos envolvidos na interação. Formam o complexo sistema de significações e sentidos produzidos na vida cultural humana e são estruturados por elementos sociais, biológicos, ecológicos etc., em um horizonte não linear, em constante tensão e contradição.

Assim, essa pesquisa fundamentou-se na metodologia qualitativa de enfoque descritivo-interpretativo. Tal modalidade trabalha no universo de significados, motivações, aspirações, crenças, valores e atitudes, ou seja, um espaço mais profundo das relações, processos e fenômenos que não podem ser reduzidos à operacionalização da variável (Minayo, 2008).

O autoconceito, a violência psicológica, a psicoterapia breve e a conjugalidade são os objetos. Pondero que todas as formas de violência são instrumentos arbitrários de poder, prevalecimento e dominação.

Os homens, como agentes, usualmente estão associados à prática das violências física, sexual e econômica; enquanto a mulher, à psicológica, moral e sexual.[26]

Na vida conjugal, as atitudes violentas entre o casal, efeito dos conflitos vividos em casa, estão imersas nas configurações do jogo relacional do casal, entre outras possibilidades, decorridas de:

a) aprendizagem e reprodução da cultura patriarcal (crianças, mulheres e idosos como objetos submetidos à voracidade de alguns homens e mulheres desprovidos do sentimento de solidariedade);
b) onipotência[27] de mulheres que, mesmo feridas física e psicologicamente, "insistem" em "salvar" o homem: pai, marido ou familiar em quem confiavam;
c) uso comercial do sexo nas relações íntimas e conjugais;[28]
d) manejo das "armas" femininas para engendrar o companheiro (choro, chantagem emocional, vocalização e gestual infantil etc.);
e) manipulação do próprio corpo para contracontrole das exigências sexuais (nessa perspectiva, o desejo da mulher pode existir, entretanto, ela o usa como arma de vingança);
f) "sedução" publicitária, que induz a aquisição de bens secundários (roupas, cosméticos, festas, bebidas, televisão, carro, som etc.) e a consequente violência (sutil ou desqualificadora) da esposa a um marido que ganha pouco ou está desempregado para adquirir o último lançamento comercial, e, assim, "não se rebaixar diante da vizinha metida que comprou uma televisão digital de 50 polegadas".

Embora a análise não entre neste texto, ressalto que, no horizonte macro do fomento a outros tipos de violência, está a pressão exercida, por meio de falsas promessas, por traficantes[29] e agenciadores de mulheres, a desempregadas e mães solteiras (cansadas da opressão na casa paterna) para que se tornem ricas e famosas modelos internacionais. Também destaco, no jogo relacional do casal, a peculiaridade da violência psicológica entre mulheres. Refiro-me às "brigas" entre a mulher que flagra o companheiro com outra. De modo geral, há a tendência de uma mulher "punir" a outra, e não o homem. Assim, a "natureza" do desejo sexual e da infidelidade masculina é reeditada permanentemente.

Os estudos de gênero apontam que

> a mais nova vertente do debate teórico feminista não enfatiza tanto a diferença entre homem e mulher, o dimorfismo masculino/feminino, mas sim, e cada vez mais, as diferenças "entre as mulheres", em resposta aos seguidos apelos por uma abordagem que explore não só os conflitos entre homens e mulheres, mas também os conflitos entre as mulheres. (Pierucci, 2007, p. 42)

Inveja, críticas, fofocas, apontar "defeitos" no físico, no visual e na vestimenta, competição velada e/ou aberta são estratégias dessa particularidade.

Os homens, também, embora nem sempre tenham consciência, são vítimas do jugo patriarcal que prende em estereótipos a expressão dos sentimentos, colige-os a impor seu desejo e a apossar-se do corpo da mulher sem considerar-lhe a vontade. Afinal, ainda somos regidos pelo modelo socializatório formal e informal que tem o masculino como signo positivo.

Assim, dominação/submissão/contracontrole permeiam a dinâmica do poder na prática da violência psicológica conjugal e são aprendizagens vindas da socialização primária, quando as crianças habitam famílias ou cuidadores adoecidos, assimilando, em companhia dessas pessoas, códigos inadequados de conduta, reeditados nos espaços públicos e privados e nos arranjos relacionais dos adultos, sem alcançar o que Cardella (2009) propõe: "As relações são a única forma de mobilização possível para que nos humanizemos e vivamos de acordo com nossa condição humana" (p. 38); "A relação significativa é aquela que cresce com raízes que lhe dão profundidade, nutrição, base" (p. 39).

A pesquisa-intervenção: questionário e entrevistas clínicas

Compreender é uma tarefa dificílima, devido à ânsia de falar mais que ouvir. Considero, assim, que, para nos aproximarmos da compreensão, a primeira ação em psicoterapia e na pesquisa clínico--qualitativa é escutar.

Essa tarefa é a premissa conceitual básica de nossas proposições para o enfrentamento da violência psicológica na conjugalidade.

De acordo com Atienza (1987, p. 210),

> o objetivo mais importante das primeiras entrevistas é começar a criar um vínculo entre cliente e terapeuta, estabelecer contato com o conflito manifesto na queixa e estabelecer hipóteses psicodiagnósticas. O terapeuta facilita ao casal que expresse livremente tudo que desejar contar acerca do conflito vivenciado. Averigua interesses e a capacidade que cada um tem para escutar as expectativas do outro e a possibilidade de satisfazê-las.

Concordo com Atienza que, além da escuta, o vínculo, a disponibilidade e a capacidade do casal de comprometer-se mutuamente e com o tratamento são derivados do objetivo terapêutico.

Perls (1977, p. 325) afirmou:

> O Gestalt-terapeuta não "cura" a pessoa, não acrescenta ou subtrai nada, não dá ao paciente nenhum medicamento e nem remove um órgão, como seria ditado pelo modelo médico. O Gestalt-terapeuta procura colocar a pessoa em contato com o seu processo autorregulador; procura fazê-la perceber a si mesma e ao mundo como processo autorregulador, parando de interferir com esse processo, cessando de obstruir a clareza perfeita do "é" com noções do que "deveria ser".

O contexto de produção dessa asserção e a formação de Perls influenciam a elaboração de premissas teóricas. São, portanto, aspectos que observo no posicionamento a seguir, isto é, na discordância parcial da perspectiva em que Perls avalia que "o Gestalt-terapeuta não acrescenta nada ao paciente". Penso que, fora do modelo médico prescritivo centralizado na nosografia e no sintoma, o psicoterapeuta, quando se compromete a estabelecer um encontro autêntico com o cliente, contribui para que ele possa escolher e acrescentar elementos novos à aprendizagem, adicionando-os em sua bagagem existencial e autorregulação.

Neste livro, os capítulos entrelaçam revisão de literatura e relatos de intervenções clínicas em benefício da consciência e da mudança (*dos* e *pelos* casais) dos clientes que me permitiram apreender um pouco a dinâmica cotidiana das situações que provocam conflito e violência.

Os dados empíricos estão dispostos por todo o texto, em que teoria e vivência alternam-se como pano de fundo, formando uma polaridade indissociável. Em relação à metodologia da pesquisa, os procedimentos foram:

a) aplicar um questionário de pergunta única a homens e mulheres, para responder à questão do autoconceito;
b) psicoterapia breve com casais para replicar a temática do conflito conjugal decorrido da violência doméstica;
c) obter o consentimento do comitê de ética do Centro de Ciências da Saúde da UFPA, dos informantes gerais, do casal e de cada membro para efetuar o estudo; aprovação institucional na clínica--escola da Faculdade de Psicologia;
d) facilitar, em 2009, dois seminários semestrais sobre violência e famílias para reflexão coletiva de temas surgidos durante os encontros terapêuticos dos casais. Neles, abordamos gênero, patriarcado, cultura da violência doméstica, conflitos familiares, drogadição, incomunicabilidade, desconfiança, ciúme patológico, sensibilização corporal, trabalho respiratório e de recuperação da percepção integrada da corporeidade.[30]

Foram critérios de inclusão: assinar os termos de consentimento; faixa etária de 20 a 70[31] anos; escolaridade (fundamental, secundária e superior); e sexo (masculino e feminino). Os critérios de exclusão foram: não desejar participar da pesquisa, manifestar presença de déficits cognitivos e de doença mental crônica.

Os homens e mulheres foram identificados entre os funcionários de um programa educativo realizado pela Secretaria de Educação do Estado, e os casais foram triados a partir de um anúncio no site da universidade, convidando cônjuges que vivenciavam violência doméstica para realizar psicoterapia breve durante seis meses, na clínica-escola da Universidade Federal do Pará.

Assim, dez homens e dez mulheres responderam sobre autoconceito, e quatro[32] casais se inscreveram e participaram de sessões em dupla, de uma hora e trinta minutos, e individuais, de uma hora.

Os casais que participaram da pesquisa são identificados por pseudônimos:

- Clara, 49 anos, segundo casamento civil, psicóloga. Joaquim, 29, primeiro casamento civil e segunda união duradoura. Cursa terapia ocupacional. Estão juntos há três anos.
- Marina, 28 anos, primeira união estável, segundo grau completo, desempregada. Hélio, 32 anos, segunda união estável, secundário completo, segurança patrimonial. O casal está vivendo conjugalmente há um ano.
- João, 62 anos, primeira união estável, primário incompleto, pensionista. Maria, 52 anos, primeira união estável, desempregada. O casamento civil e religioso tem 37 anos.
- Ricardo, 36 anos, e Carolina, 30 anos. Separados, vieram ao atendimento em busca de "soluções" para o problema da filha.

O questionário foi aplicado individualmente.[33] Continha apenas uma questão orientadora, inspirada na escala de percepção do autoconceito infantil (PAI) de Villa-Sánchez e Escribano (1999):

Rememore quando tinha entre 5 e 6 anos de idade e escreva essas lembranças incluindo os temas: modo como realizava suas tarefas, participação em competições esportivas, sentimentos em relação à família, escola e relações sociais. Sentimentos em relação à sua competência e aparência física. Além desses itens, inclua as lembranças que considerar importantes.

O exame do formulário sobre autoconceito avaliou quatro categorias: autonomia, confiança, evolução física e mundo escolar e social (Villa-Sánchez e Escribano, 1999).

1) *Autonomia*: sentimento de independência nas ações cotidianas; autovalor ou modo como avalia o desempenho, sentimento de posse.
2) *Confiança*: segurança derivada da vida em família; do meio ambiente; sentimentos.
3) *Evolução física*: aspecto; competências ou habilidades e inabilidades.
4) *Mundo escolar e social*: interesses; relação com outras crianças; solidão.

Para a análise e a interpretação do material dos casais, considerei trechos do registro de memória das entrevistas, realizado logo após o encerramento das sessões; aspectos semióticos do discurso corporal e verbal (gestos e atos perlocucionários) (Perls, 1975; Ricoeur, 1975).

As análises são de caráter indutivo, o que indica que as categorias não foram impostas antes da coleta de dados, mas emergiram dos próprios dados (Patton, 2002; Jardim, Oliveira e Gomes, 2006). Após a identificação dessas categorias, recorri à literatura descrita (Pimentel, 2005, 2008, 2009).

A psicoterapia e a pesquisa

Antes de abordar a técnica da psicoterapia breve, sinalizo o debate atual acerca da clínica social engajada a uma intervenção que integra a renovação da psicologia clínica. A categoria clínica ampliada vem sendo estudada para esclarecer as diversas inserções dos psicólogos nas instituições de saúde e assistência social estaduais e municipais.

Uma importância no debate da clínica ampliada está em desconstruir, de modo amplo, categorias como patológico, nosografia, sintomas e complexos – mecanismos de defesa que não podem constituir parâmetros substitutivos da experiência ou como essências universais, referências da linguagem teórica e empírica da psicologia clínica.

Neubern (2001, p. 242), analisando obstáculos epistemológicos para o reconhecimento da subjetividade na clínica, pondera:

> A tendência a homogeneizar pessoas, formas de terapia, visões sobre problemas e mudança acarreta graves consequências, intrinsecamente ligadas à exclusão da subjetividade. Vão desde a prescrição desenfreada de psicoterapias, sem a mínima reflexão crítica sobre suas indicações e limitações, até uma enorme parcela de sujeitos, em geral de classes desfavorecidas, para quem os procedimentos da psicologia clínica não fazem sentido algum. Contudo, é necessário que o problema seja refletido em outras dimensões, além do obstáculo epistemológico, mas que desenvolvem com ele intensa retroalimentação. Tal obstáculo implica basicamente na determinação de uma visão de mundo em que as expressões do sujeito são compreendidas via de regra pelo prisma da patologia ou da incapacidade.

A Gestalt-terapia, possibilidade fenomenológica existencial interpretativa da subjetividade e alteridade, define a psicoterapia como interação entre duas pessoas que requer, para se diferenciar das outras modalidades relacionais: a) o estabelecimento de um vínculo de confiança e dialogicidade; b) um objetivo específico manifesto pelo cliente de modo exclusivo, em uma queixa principal ou em queixas secundárias; c) métodos e técnicas para facilitar a identificação, o fechamento e o fluxo das necessidades, o ajustamento criativo que ocorrem em um campo de contatos e relações; d) atualizar a consciência intencional e o equilibrar-se, desequilibrar-se e reequilibrar-se.

O conjunto dos procedimentos possibilita aos sujeitos voltar a alcançar/vivenciar o "sentimento de nós mesmos", os limites dos condicionamentos, os hábitos equivocados e as gestalten fixadas. A consequência desse percurso será despertar os sujeitos a uma vida mais completa (Pimentel, 2008).

Moreira, Romagnoli e Neves (2007) comentam os dados de uma recente pesquisa feita pelo Conselho Federal de Psicologia:

> 75% dos psicólogos estavam exercendo a profissão na data da pesquisa. A maioria, 54,9%, dedicava-se à clínica em consultório, e 12,6% atuavam com psicologia da saúde, sendo que, nesse campo, a prática, na maioria das vezes, também é clínica.

Tal informação reafirma nosso propósito de refinar as concepções da psicologia clínica, tradicionalmente reconhecida como o campo da psicoterapia privada e individual. Além disso, o modelo médico de uma clínica voltada para o leito ainda ressoa na formação e nas práticas dos psicólogos, impondo à psicologia clínica e da saúde os conhecimentos refinados que a biologia, a fisiologia e a neurologia revelam na abordagem da consciência: a partir da mente, cognição, medição das funções neuronais, identificação dos sistemas cerebrais responsáveis pela memória etc.

No dizer de Moreira *et al.* (2007), validando o biopoder:

> Forma de poder que possui dois eixos, que atuam, respectivamente, sobre o sujeito e sobre a espécie humana: o poder disciplinar e a biopolítica (p. 610).

> A prática clínica psicológica passa a vincular-se a uma demanda do sujeito, e não necessariamente a uma patologia, como no modelo médico. O início do pensamento moderno é marcado pelo surgimento do sujeito e do individualismo, anunciando assim uma nova fonte de problemas que exigem uma nova ciência para pensar sobre eles. (p. 614)

O sujeito psicológico não existia antes do surgimento da psicologia científica na passagem do século XIX ao XX, uma ciência polêmica desde então, marcada pela variedade teórica e epistemológica para o tratamento da realidade psíquica, resultando nas lógicas do universal, natural e objetivo; e da subjetividade como resultado dos jogos de normalização e marcação da identidade moderna.

Nesse cenário, a psicoterapia é direcionada para o indivíduo das classes socioeconômicas mais favorecidas, urbanizadas, afinadas com a ideologia capitalista liberal privatista, com limitada atuação.

Conscientes da limitação e do esgotamento do modelo psicoterapêutico monadal, voltado unicamente para análises individuais e patologizantes, produzimos o conceito de clínica social engajada, em que a compreensão articula-se ao desvelamento da dialética sujeito/sociedade. O grupo, a subjetividade e a alteridade são as fontes indissociáveis para o exame psicológico do reconhecimento de si mesmo como sujeito da norma, de um preceito, de uma estética de si, não meramente da psicopatologia. Para Moreira, Romagnoli e Neves (2007):

> Dessa forma, o contexto social passou a adentrar os consultórios de forma a convocar os psicólogos a saírem dele, ou seja, para responder às novas formas de subjetivação e de adoecimento psíquico, o psicólogo deveria compreender a realidade local. A psicologia "tradicional" é "obrigada" a se redesenhar, tornando-se mais crítica e engajada socialmente. (p. 615)

> Presenciamos, no país, um aumento considerável das áreas de atuação da psicologia, o que evidencia uma ampliação paulatina de seus locais de trabalho: o psicólogo torna-se presença cada vez mais constante nos sistemas de saúde pública, nos centros de reabilitação, nos asilos, nos hospitais psiquiátricos e gerais, no sistema judiciário, nas creches, nas penitenciárias, nas comunidades. (p. 616)

O Sistema Único de Saúde (SUS) visando, por intermédio do Ministério da Saúde, orientar a implantação da política de saúde pública em que o equitativo e a humanização são princípios, cria o conceito de "clínica ampliada":

> Trabalho clínico que visa ao sujeito e à doença, à família e ao contexto, tendo como objetivo produzir saúde e aumentar a autonomia do sujeito, da família e da comunidade. Utiliza como meios de trabalho: a integração da equipe multiprofissional, a adscrição de clientela e a construção de vínculo, a elaboração de projeto terapêutico conforme a vulnerabilidade de cada caso e a ampliação dos recursos de intervenção sobre o processo saúde-doença. (Brasil, 2006, p. 38)

Apresentado o contexto de reflexão conceitual da clínica, passo ao exame da psicoterapia breve. Essa técnica foi a modalidade de atendimento clínico praticada com os casais. Por meio dela, psicoterapeuta e pacientes buscaram obter uma melhora da qualidade de vida em curto prazo, sendo que os casais e sujeitos escolheram determinada questão figural, focando os esforços para sua resolução.

A psicoterapia breve é uma forma de intervenção na qual o objetivo específico é produzir mudanças terapêuticas em curto prazo para sintomas claramente definidos (Cabral, 2001).

A psicanálise e a psicologia do ego têm sido os referenciais clássicos em psicologia que subsidiam as elaborações teóricas da psicoterapia breve. Contudo, atualmente, a Gestalt-terapia tem produzido vários textos.

De modo amplo, o objetivo geral da intervenção é a consciência. De modo estrito, a percepção, a recuperação da sensação e a ação formam um conjunto sistêmico de forças criativas e organizadas em prol da consciência e de formas criativas de resolver seus conflitos.

> Existem pessoas que estão diretamente indicadas para uma psicoterapia de curta duração, como: pessoas com percepção clara de que precisam mudar e não dispõem de muito tempo, com dificuldade de decisão e não sabem que caminho seguir; pessoas que sofreram mudanças rápidas em suas vidas e não sabem como se organizar, pessoas

com planos inadiáveis e que se encontram em confusão mental, pessoas em situação de estresse, de culpa acentuada, de impotência, cujas vidas estão sofrendo prejuízo considerável e não têm apoio interno para se livrar sozinhas de suas neuroses. (Ribeiro, 1999, p. 142)

São vários os tipos de psicoterapia breve: a) Mobilizadora – objetiva evidenciar a ansiedade em processos mórbidos apresentados pelo/a cliente, que, devido a vários fatores, ainda não se encontra mobilizado/a para se submeter a um processo psicoterápico; b) Apoio – pretende diminuir a ansiedade de quem sofre dificuldades emocionais. É eficiente no acompanhamento de pacientes hospitalares cuja principal dificuldade é lidar com distúrbios somáticos, clínicos ou cirúrgicos que o/a levaram ao hospital; c) Resolutiva – objetiva identificar a origem da situação de crise.

Além do aporte da psicoterapia breve, a violência psicológica pode ser enfrentada por meio da prevenção, em escolas e demais instituições sociais que militam na área dos direitos humanos.

Nossa concepção de saúde inclui a dialética entre fatores de risco e de proteção. Em situações de violência, fatores de risco dizem respeito aos indicadores que potencializam a probabilidade de resultados negativos para o desenvolvimento emocional e social, sobretudo dos filhos envolvidos em litígios conjugais. Fatores de proteção, por sua vez, são os elementos internos – resiliência, autoestima, amorosidade etc. – e externos – rede de cuidados e cuidadores, apoio, escolarização etc. – que contribuem com resultados positivos também para o desenvolvimento emocional e social.

A prevenção primária é aquela que aborda a violência antes de seu aparecimento na população total do contexto pesquisado. A secundária é voltada ao enfrentamento dos episódios violentos já instalados cujos sintomas provocam consequências intensas em determinado grupo familiar. A prevenção terciária é aquela que pretende minimizar os efeitos, evitar recaídas ou acabar com a violência. Seu foco é a população como um todo (Ezpeleta, 2005).

A prevenção contempla a superação dos estereótipos de gênero presentes, ainda hoje, na socialização de nossos filhos e filhas, como os descritos nas pesquisas de Schaffer (2000 *apud* Ezpeleta, 2005), por exemplo: os meninos são mais hábeis nas aptidões visoespaciais, na aritmética, na agressividade física, são mais ativos. As meninas destacam-se nas habilidades verbais, aritméticas, na agressividade, na expressividade emocional, na obediência, em maior altruísmo etc. Em tais perspectivas, não há uma concepção da dinâmica da existência, mas de uma estrutura comportamental tipificada e rígida.

Tratamos a todo instante de alguma expressão da modalidade física da violência que, de tanto incidir sobre o cotidiano, está massificada, beirando a banalização. Entretanto, profissionais e pesquisadoras[34] da psicologia, serviço social, sociologia, direito, história, antropologia, pedagogia etc.; pessoas em geral e organizações não governamentais travam briga de foice para expurgar, se não a que se apresenta nas práticas públicas – nos crimes urbanos relacionados a assaltos e tráfico de drogas e armas –, a que se instala privadamente entre os casais.

Evidentemente, vivendo em cenários em que a violência tem uma dimensão de cronicidade, a extensão da prevenção primária fica extremamente difícil de ser alcançada. Entretanto, vale apontar a importância de sua aplicação, sobretudo com as famílias que se formam a cada dia envolvendo adolescentes de tenra idade.

10 | Os casais se expressam

Agora apresentarei completamente os dados colhidos, já que conhecimento novo requer pesquisas de campo. A primeira seção diz respeito ao estudo do autoconceito; portanto, reapresento as questões da pesquisa, postas na página 81:

a) As dificuldades intrapessoais de cada membro do casal que contribuem para gerar o conflito conjugal estão relacionadas ao processo de construção do autoconceito?
b) Que suportes, tanto internos como externos, revelados na psicoterapia breve sustentam o poder pessoal e favorecem a superação da violência psicológica?

Rememoro os fatores de apreciação do autoconceito. *Autonomia*: sentimentos de independência e autovalor, o modo que avalia o desempenho e sentimento de posse. *Confiança*: sentir-se seguro no meio ambiente e na família. *Evolução física*: destaque para o aspecto, as competências, habilidades e inabilidades. *Mundo escolar e social*: interesses, relacionamentos, solidão.

Organizei as respostas com letras e códigos:[35] M1, M2, M3 etc.; H1, H2, H3 etc.

Autoconceito de mulheres

M1: 40 anos, superior completo, casada
Autovalor: realizava com empenho minhas tarefas, principalmente as escolares.
Independência: participava de concursos de *miss* e de dança.
Família: minha família era bem tradicional.
Aspecto: não tive nenhum complexo com relação à aparência física.
Interesse: com 5 anos entrei na escola e com 6 já sabia ler.

M2: 35 anos, superior completo, solteira
Autovalor: antes, minha autoestima era baixa e tinha muito complexo. Hoje sou mais segura em relação à minha pessoa e como profissional.
Família: passava por muitas dificuldades; perdemos nosso pai e minha mãe cuidava dos sete filhos; meus avós paternos sempre acompanhavam a gente financeiramente, já que eram agricultores e moravam na colônia.
Aspecto: na adolescência, eu era gordinha e tinha um pouco de complexo.
Mundo escolar e social: tinha muitos amigos na escola e relacionamentos saudáveis.

M3: 38 anos, superior completo, sem filhos
Sentimento de independência: arrumava nossa cama e nosso quarto. Sempre fui chefe de turma.
Segurança familiar: amava meu pai e minha mãe (adotivos). Sempre foram carinhosos.
Competências: fazia natação, inclusive ganhei medalhas.
Aspecto: nunca fui muito vaidosa, parecia mais moleque.
Relacionamentos: brincava muito com minha irmã caçula e minhas colegas. Adorava ir à escola.

M4: 26 anos, superior completo, solteira
Autovalor: mamãe sempre me arrumava para participar do concurso de *miss* caipira e dançar pela turma. Apesar de não vencer nesse quesito, ganhei como *miss* simpatia, e isso me deixou muito feliz.
Independência: minha mãe me ensinou a ser responsável, a ser independente. Desde cedo, eu fazia minhas lições sozinha, arrumava minha cama.
Segurança familiar: morava com minha família, que era constituída pela minha mãe, avó, tia e por três primos. No fim de semana, mamãe aproveitava para passear, conversar; nós nos divertíamos muito.
Relacionamentos: estudava na escola SCJ e sempre participava de todos os eventos comemorativos. Adorava a festa junina.

M5: 32 anos, superior completo, solteira
Autovalor: aos 6 anos, minha autoestima melhorou e fui escolhida *miss* caipira da segunda série.
Segurança no ambiente: entre 5 e 6 anos eu estava na 1ª série. Havia trocado de escola, de casa e de bairro. Não gostava de nenhum dos três.
Segurança familiar: gostava de estar com minha família e passava férias com vários grupos familiares alternados. Meu pai sempre foi mais atencioso e assertivo com relação à minha aprendizagem. Minha mãe era muito punitiva.
Competências: não praticava esportes.
Relacionamentos: sempre tive facilidade de fazer amigos. Começava a ter as primeiras divergências com minha mãe e perceber que ela parecia mais social que eu.
Aspecto: nessa época, apareceu uma mancha vermelha em meu rosto que um médico diagnosticou como vitiligo. Foi desesperador porque, mesmo criança, eu tinha pleno conhecimento da doença e meus pais não conseguiram disfarçar a preocupação. Depois, precisei cortar meu cabelo bem curtinho por causa de uma epidemia de piolho. Me achava horrorosa.

M6: 53 anos, superior incompleto, separada
Segurança familiar: tenho poucas lembranças, foi um período muito difícil, muito triste. Eu era uma criança extremamente introvertida e tímida. Fui deixada pelos meus pais na casa da avó materna, uma pessoa sisuda e voltada para o trabalho. Sentia-me muito só e deslocada.
Relacionamentos: o meu mundo social restringia-se às missas aos domingos.

M7: 22 anos, superior completo, solteira
Independência: eu era um pouco tímida, mas sempre acabava no centro das coisas da escola. Sempre era escolhida pra recitar, atuar nas peças. Desde criança, desenvolvi estratégias de adaptação, e isso foi bom para o resto da vida. Nunca deixei de fazer nada que me interessasse.
Segurança familiar: quando eu tinha uns 5 ou 6 anos, meus pais se separaram. Lembro de insegurança e confusão.
Competências: nunca gostei de atividades esportivas.
Aspecto: não me lembro de ter noção de minha aparência física... lembro de dizerem que eu era bonita.
Interesse: adorava ir à escola.
Segurança no ambiente: foi um período turbulento, em que minhas bases mudaram: as pessoas com quem eu convivia, a escola em que eu estudava, a casa em que eu morava, as relações estabelecidas.

Autoconceito de homens

H1: 24 anos, superior incompleto, solteiro
Evolução física: aspecto/autovalor: eu sempre fui péssimo pra esporte, jogar bola.

H2: 31 anos, ensino médio completo
Autonomia: Sempre tentei participar das minhas tarefas na escola com responsabilidade, principalmente nas competições esportivas. Sempre fiz o possível para estar entre os melhores.

H3: 34 anos, superior completo, solteiro
Confiança: família: acordava bem cedinho e ia pra casa da minha avó comer marmelo.
Evolução física: minha aparência física era muito frágil, eu tinha bastante facilidade para adoecer, principalmente de asma.

H4: 18 anos, ensino fundamental completo, solteiro
Mundo escolar e social: nessa idade, estudava e estava na 3ª série. Para estudar era como um desafio, precisava trabalhar. Hoje não tenho um estudo bom, ou seja, um bom grau de escolaridade, mas sou feliz. Não virei uma pessoa ruim.

H5: 19 anos, primeiro grau incompleto, solteiro
Autonomia: eu sou muito competente hoje e era no passado, quando eu tinha 6 anos.
Confiança: minha família sempre foi, e é, muito carinhosa comigo e com todos os meus irmãos. Nessa idade, eu estava cursando a 2ª série. Meu pai ainda vivia com a gente.
Evolução física: era magrinho.
Mundo escolar e social: minhas relações sociais eram boas quando meu pai vivia com a gente. Eu participava de uma escolinha de futebol.

H6: 29 anos, primeiro grau incompleto, solteiro
Autonomia: eu era um garoto muito responsável com minhas tarefas. Com 10 anos, já trabalhava para ajudar meus pais a sustentar a casa. Eu era um menino muito atencioso com minha família. Era bastante prestativo.
Confiança: foi uma infância não muito boa, mais confesso que gostei, pois hoje sou uma pessoa do bem. Minha família se orgulha de mim, por isso sou feliz.
Mundo escolar e social: arrumava tempo para me divertir, jogando futebol, bandeirinha, garrafão etc.

H7: 27 anos, ensino fundamental completo, casado
Confiança: tive muitos sentimentos, pois sempre fui o mais rejeitado em minha família. Um irmão mais velho me espancava muito e, sempre que eles iam para algum lugar, como à praia, nunca me levavam. Estes são meus sentimentos de que minha família me marcou. Confio em mim, mas eles nunca me deram uma chance para mostrar que eu poderia ser confiável. Fim por fim, fui feito por mim.
Mundo escolar e social: Tinha sempre que estar dentro de casa, também não pratiquei esportes. Nesse período, gostava muito de estar na igreja.

H8: 27 anos, ensino fundamental incompleto, casado
Autonomia: eu fazia minhas tarefas com perfeição. Creio que eu era visto como um bom exemplo. Considero importante dar bom exemplo.
Confiança: quando eu tinha entre 6 e 9 anos, eu lembro que estudava, brincava muito de bola e andava muito no barco do meu pai.

H9: 20 anos, ensino fundamental incompleto, solteiro
Confiança: eu me acho um jovem muito competente, eu sou bonito, eu me acho magro. Sempre completei as minhas tarefas com muita luta, mas eu completo.
Autonomia: quando eu tinha 5 anos, eu era uma criança muito alegre e divertida. Saía bastante com minha família para passear. Eu jogava bola com meu pai, passeava em outros lugares, tomava banho de igarapé.
Mundo escolar e social: já participei de campeonatos da escola e ganhei sete medalhas. Sempre gostei de estudar, só não terminei os estudos por causa de mudanças. Morei em vários lugares. Nunca deu tempo de terminar os estudos.

Psicoterapia breve

Esta seção é composta de recortes da interação na clínica. As falas[36] provêm da escuta e da análise indutiva,[37] que permitiram a elaboração de categorias para sintetizar as interpretações e a compreensão dos problemas estudados.

É importante esclarecer que os atendimentos nem sempre resultam em acertos ou fechamentos exuberantes. Às vezes, os clientes abandonam o tratamento, faltam sem avisar, não há empatia mútua entre psicoterapeuta e cliente, o psicodiagnóstico ou o diagnóstico psiquiátrico não são promissores etc. Portanto, a psicoterapia é uma ferramenta eficaz, mas pode ser falível conforme um conjunto de fatores.

> Pesquisas em efetividade terapêutica [...] têm criticado critérios de avaliação que não discriminam a fase do desenvolvimento (infância, adolescência ou adultez). Esses autores entendem que as fases de desenvolvimento psicológico devem ser considerados na intervenção e na avaliação da efetividade psicoterápica. Para eles, pesquisadores e psicoterapeutas devem estar atentos às disfunções associadas a fatores parentais, familiares e contextuais. (Jardim, Oliveira e Gomes, 2005)

De agora em diante, mostrarei detalhes de três casos completos e a síntese de um incompleto.

Perfil dos casos
Joaquim e Clara

Ele com 29 anos, negro e de origem socioeconômica pobre. Não conviveu com o pai e tinha um relacionamento difícil com a mãe alcoólatra. Saiu cedo da casa materna e viveu maritalmente com uma mulher dez anos mais velha. Ela, com 49, mulata, filha de mãe branca, com quem também tinha uma relação muito complicada, caracterizada pela *humilhação e desvalorização das competências* impostas pela mãe.

Desde a primeira seção, o casal mostrou-se comprometido com o tratamento conjunto. Quanto à queixa, as perspectivas foram reformuladas conforme o tempo passava: inicialmente, ambos estavam preocupados com um desentendimento genérico.

Após a oitava sessão, Clara queixou-se do modo como Joaquim bebia: com descontrole, grosseria e negligência. No campo financeiro, havia dificuldades: o orçamento do casal era precário, já que somente Clara trabalhava. O consumo de álcool desgastava os parcos recursos.

Clara também apontou o que considerava ser comportamento mentiroso do marido e lamentou a falta de atenção dele com ela. Rememorou comparativamente o zelo recebido no tempo atual, de casados, com o de namoro.

O casal estava junto havia cerca de três anos. Joaquim, por sua vez, destacou a queixa de não se sentir reconhecido pela esposa; relatou o ciúme excessivo da esposa, que gerava controle rígido da caixa postal do telefone, do *e-mail* e do horário – qualquer atraso era cobrado veementemente. Além desses indicadores, apontou o autoritarismo de Clara (que percebi desde o primeiro encontro na clínica-escola da UFPA).

Hélio e Marina

Ela é filha única. Alta, esguia e bonita. Sua aparência a faz parecer frágil. Ele é alto, bonito e bastante forte. Parece autoconfiante e seguro. Toma iniciativa para falar, mesmo que Marina não revele dificuldade em comunicar-se verbalmente. O papel que Hélio parece adotar é o de protetor da mulher, supostamente infantil.

Hélio procurou primeiro a clínica-escola, referindo que Marina tinha tensão pré-menstrual, TPM, o que repercutia mensalmente e de modo cada vez mais intenso no casamento. Marina expressava-se de modo agressivo e ameaçava deixá-lo. Recebido pela assistente social, foi encaminhado para nosso projeto de atendimento a casais. Quando os recebi pela primeira vez, Marina queixou-se do ciúme excessivo do companheiro.

João e Maria

Estiveram na clínica-escola três membros da família: João, Maria e uma filha. A violência circulava na família desde a formação. Todos os integrantes estavam afetados por ela em alguma instância: psicológica, psiquiátrica e clínica, devido a algumas ações e características de personalidade dos genitores. O pai era o principal agente disseminador das violências: física, sexual e psicológica.

João[38] tem 62 anos, Maria, 52. Estão casados há 37 anos. Ele é marinheiro aposentado. O casal tem um histórico crônico de violência familiar. Desde o namoro, João agredia Maria fisicamente. Após o casamento, continuou a bater na esposa e, posteriormente, passou a atacar os filhos.

Da agressão física, João passou para a psicológica. Ele desqualificava a esposa com acusações de infidelidade (sem nenhuma prova ou efetiva realização de casos extraconjugais); excessivo controle da vida de todos os membros da família (sete filhos, vários com distúrbios emocionais e orgânicos – como esquizofrenia, diagnosticada por um psiquiatra do Caps;[39] primeiro surto psicótico da caçula de 17 anos; e cegueira).

A filha caçula, a esposa e o marido foram atendidos por minha equipe. Ambas completaram um ciclo de atendimento, mas ele participou apenas de três sessões, atendido por mim. Justificou a falta de disciplina alegando a necessidade de cuidar de um filho, internado por uma crise aguda de apendicite.

Ricardo e Carolina

Este é um exemplo de atendimento abandonado. Só tivemos duas entrevistas. Primeiro, foi o companheiro que "sumiu" sem nenhuma justificativa direta. Compareceu a uma sessão apenas. Depois foi ela: após duas sessões, telefonou cancelando o tratamento, dizendo que faria um curso e não tinha mais disponibilidade na agenda.[40]

Ambos procuraram a clínica-escola para buscar "ajuda" na terapêutica da filha de 9 anos, atendida por uma colega psicóloga do quadro permanente da clínica.

Estudo dos casos

A comunicação entre os casais de qualquer modalidade afetiva – seja por vínculos contratuais civis, união estável, casamento religioso, uniões heterossexuais e homoeróticas – usualmente é atravancada por mitos vindos de processos formais e informais de aprendizagem e socialização.

No entanto, o diálogo pode ser atualizado por meio da psicoterapia ou da busca pessoal de autoconhecimento, meditação, terapias holísticas, conversas com amigos, reflexão eremita, isto é, um período de buscas do transcendente e isolamento individual.

Na psicoterapia e na pesquisa clínica com casais e famílias que ocorrem na clínica-escola da Universidade Federal do Pará, temos observado e identificado alguns mitos específicos por intermédio das entrevistas e formulários:

a) *ligados aos processos de subjetivação masculinos*, por exemplo: o silêncio como forma de evitar conflito, não expor ideias, não expressar sentimentos, não examinar o cotidiano conjugal ou retaliar.

Nesse mito, a comunicabilidade encerra a palavra em uma tese: "Minha palavra está dada e não volto atrás". É um mote que denota rigidez e aprisionamento dos sentimentos; ideário fundamentado no conceito de caráter que aponta para o esquecimento da possibilidade de experimentar.

Perls (1977) considera que o caráter se diferencia do estilo, atitude que permite a atualização da existência e das relações pela abertura pessoal e pela criatividade.

b) *ligados aos processos de subjetivação femininos*, por exemplo: falar demais, tendo sempre uma avaliação, uma convicção, uma certeza, uma posição acerca do tema que evoca o conflito.

Temos observado esse mito em casamentos de feição moderna e pós-modernos, entre casais de mesmo nível instrucional, social e financeiro e com diferença de idade entre cinco e dez anos; entre mulheres mais velhas, bem-sucedidas profissionalmente e com instrução superior completa e homens mais jovens, com uma diferença de mais de quinze anos.

a) Joaquim e Clara

Para exemplificar, apresento a experiência com um casal do segundo perfil, Clara e Joaquim.[41] Nos atendimentos percebi que, normalmente, Clara assumia o papel de educadora.

Algumas características que indicavam sinais da convivência cotidiana do casal, foram intolerância, impaciência, tentativa de controle e direcionamento dos passos e uso do tempo, ciúme excessivo. Tais alegorias repercutiam no comportamento de Joaquim.

Ele alimentava o ressentimento, acumulava situações inconclusas pela dificuldade de exprimir sentimentos, o que potencializava as brigas.

Durante a terceira sessão, propus ao casal um experimento de comunicabilidade, pois, naquele dia, Joaquim chegou dizendo que gostaria de relatar um "desentendimento que tiveram no dia anterior e ainda estava presente causando chateação".

Sua exposição era feita com pressão no maxilar e contenção das palavras, sinalizando o esforço para "não explodir". Clara demonstrou, no olhar, sutilmente, o impacto diante da vivacidade da iniciativa do marido.

Pedi a ela que respirasse calmamente para escutar e contatar as repercussões evocadas pela audição. Que contivesse o ímpeto de responder imediatamente e procurasse a *comunicabilidade*, e não o jogo do bate-rebate.

Joaquim disse que se sentia desrespeitado quando Clara fazia o tipo de brincadeira do dia anterior. Que ele já havia pedido que não fizesse e, mesmo assim, ela insistia em repetir.

Sem se expressar com clareza, Clara logo replicou:
– Mas já fiz outras vezes e você não se zangou.
– Eu fiquei chateado, sim, mas procurei não demonstrar.
– Ultimamente, parece que tudo que digo lhe aborrece.
Nesse momento, Clara começou a chorar suavemente.

Na psicoterapia gestáltica, a comunicabilidade requer um canal direto de expressão. Assim, quando solicitei a ambos que repetissem, ali, o que disseram um para o outro, o casal ficou incomodado.

Joaquim baixou a cabeça e disse:
– É difícil.
– Sim, é difícil – respondi.

Adotei, naquele momento de mediação, a postura de traduzir a expressão com uma linguagem direta. Passei a repetir, quando necessário, o que ambos diziam, como se fosse o cônjuge falante.

Joaquim: *Eu não gostei da gracinha que ela fez, perguntando se eu ia sair com minhas colegas.*

Clara: *Mas eu já disse isso outras vezes, e você não se incomodou.*

Joaquim: *Incomodei-me sim.*

Dirigindo-se a mim: *Eu já disse a ela que não tenho interesse por elas, é só trabalho. Eu gosto dela, me casei com ela, amo e quero viver com ela. Mas não está dando, ela não me respeita.*

Clara: *Ele trabalha só com mulheres, em uma delegacia de mulheres.*

Tentei me dirigir a Clara, que parecia inacessível à escuta, aprisionada em uma convicção. Solicitei: *Peça a Joaquim que lhe diga o que não gostou em sua fala.*

Clara: *Parece que tudo que digo ultimamente lhe incomoda.* Clara começa a chorar.

Comento que sua formulação parece sinalizar dificuldade de pedir ajuda ao marido.

Clara: *Não gosto de pedir ajuda a ele ou à minha mãe. Ela parece que não quer saber.*

É possível perceber que, naquele momento, Clara sente vividamente o peso de ter de decidir, encaminhar, realizar o cotidiano de modo solitário. Essa forma de existência deriva de suas aprendizagens e experiências afetivas e conjugais.

Reformulei, em linguagem expressiva e comunicativa, uma fala de Joaquim:

Clara, eu amo você, não tenho interesse pelas minhas colegas. São apenas colegas de trabalho. É você que amo.

Clara: *Mas você não tem tido mais tempo para nós do mesmo jeito que era antes.*

Joaquim (ainda irritado): *Não é bem assim, agora nós dois trabalhamos e temos menos tempo, chegamos tarde, cansados, tem a faculdade* (iniciada este ano por ele).

Perguntei a Clara se antes ela só trabalhava.

Clara: *Não, nós dois estávamos desempregados. Tínhamos muito tempo um para o outro.*

Reflito com o casal acerca da importância de contextualizar a situação em que o conflito se apresentou e observar que ele se altera conforme a interação com o espaço, um elemento que se apresenta para nortear as percepções do casal e configurar a base realista do que está acontecendo para que os conflitos de comunicabilidade sejam mantidos.

Clara repercute a ideologia imposta ao gênero feminino de idealizar romantismo, em que as declarações de amor têm de ser diárias. Esse desejo dela não é realizado por Joaquim.

Embora se saiba amada, por vezes não se sente. Ataca desconfiada, exigindo gestos e demonstrações de mimos, telefonemas durante o dia e chegada na hora exata, habituada a esperar.

Desconsidera os imprevistos que podem ocasionalmente alterar essa rotina e, assim, fica ansiosa, cultivando pensamentos de suspeita, movimentando a roda do ciúme, da insegurança e do conflito.

Obviamente, a relação conjugal requer o engajamento de ambos os cônjuges para movimentar a criatividade, a amorosidade, a comunicabilidade e a compreensão.

Assim, Joaquim também reedifica o conflito quando não percebe as necessidades de Clara – não as idealizadas, mas as que requerem sua presença comunicativa, rompendo os valores estereotipados acumulados em sua aprendizagem sobre as características da identidade masculina.

Para desconstruir os mitos da verdade enclausurada e do silêncio, uma possibilidade de ação criativa é compreender a verdade de uma maneira processual – sendo o dito uma expressão válida para o contexto circunscrito –, introduzir no cotidiano a vivência da ética e do cuidado, o diálogo, e varrer da identidade masculina a autocensura de expressar amorosidade.

A ética começa com o indivíduo, que, obrigado a agir, toma para si o interesse e a preocupação decorrentes da responsabilidade consigo próprio. Sem o cuidado ou a preocupação, a ação não seria possível, pois esses elementos constituem o ímpeto da ação moral resoluta do indivíduo capaz de refletir e agir com propósito (Zoboli, 2004).

Oliveira (2004, p. 28) faz uma belíssima revisão da literatura sobre o debate atual acerca da violência conjugal. Em seu livro a psicóloga, que atua na Universidade do Amazonas (Ufam), aborda a violência conjugal analisando os modelos do movimento feminista a partir dos anos 1970, nos Estados Unidos e na Europa, e, posteriormente, o cenário brasileiro, indicando as diversas faces do movimento e destacando "a criação do Dia Nacional de Luta Contra a Violência Contra a Mulher, em julho de 1980, na reunião da SBPC".

A autora afirma que são três os modelos teóricos que atualmente norteiam a elaboração de programas de intervenção no enfrentamento da violência conjugal:

1. *Centrado na opressão das mulheres pelos homens*, "A força explicativa do modelo recai sobre a 'organização social de gênero'. Entendo que o modelo parte basicamente de três linhas de discussão: identidade de gênero, desvalorização/hierarquia e baixa autoestima" (Oliveira, 2004, p. 36-7).

2. *Elaborado na ideia de conflito.* Esse padrão deriva da crítica feita ao padrão anterior. Soares (*apud* Oliveira, 2004, p. 46) considera que "o modelo parte de análises multifatoriais".

3. *Organizado com base no argumento da violência como produto da dinâmica relacional entre os cônjuges,* "Um olhar voltado a apreender a violência conjugal enquanto fenômeno produzido dentro das relações interpessoais" (Oliveira, 2004, p. 59).

b) Hélio e Marina

Quando recebi o casal na primeira sessão, ambos se mostraram receptivos e falantes. Cada um relatou a própria versão. Geralmente, essa é uma sessão de avaliação mútua da simpatia e da demanda. Verificamos se a primeira impressão é favorável e possibilita marcar novas entrevistas clínicas.

O acordo ficou em quatro entrevistas durante o mês, com posterior avaliação para traçar o rumo seguinte. Na primeira sessão, todos concordamos que Marina faria as duas entrevistas seguintes sozinha e, na quarta, reuniríamos o casal.

Então, começamos com pequenos experimentos para conscientização do grau de interferência da TPM na vida de Marina, abordando outros personagens ao seu redor e as relações entre os atores.

Marina narrou que tem uma tendência a antecipar dificuldades, e, por isso, a TPM é um agente permanente de sofrimento psicológico. Após explorar a dinâmica da síndrome, orientei a ela que trabalhasse a respiração e as estratégias usuais de autocontrole.

Percebi que, além de Hélio, a mãe de Marina é uma figura bastante presente em seu psiquismo. Ela receia que a mãe adoeça e que ela não esteja presente para ajudá-la. Esse medo indica uma imaturidade emocional semelhante à da adolescente, cuja onipotência dialoga com a impotência. Marina sente-se "incompetente" quando imagina ficar sem a mãe.

Durante a escuta, imaginei as duas em simbiose. Propus que fizesse um experimento: andar colada pela face, como gêmeos siameses, com a estagiária do projeto. Elas prontamente aceitaram.

Primeiramente, guiei as duas verbalmente pela sala, pedindo que observassem as sensações sem comentá-las. Havia uma diferença de cerca de 15cm entre as duas, de modo que, para adequar o passo, Marina teve de curvar-se, o que fez sem nenhuma reclamação ou comentário.

Em seguida, prosseguiram com o movimento na sala, sem orientação. Marina continuou explorando o espaço, parou diante do espelho e continuou. Não manifestou desconforto.

Quando se sentiu satisfeita, parou o experimento e, durante a avaliação, disse que gostou e sentiu aconchego, que em seu rosto ficara uma agradável sensação de calor. Parecia tão feliz com a experiência, que disse que faria em casa, com o marido. Ficamos com a impressão de que Marina tinha uns 15 anos.

Na sessão seguinte relatou que, pela primeira vez em 15 anos, não sentiu o peso da TPM por não ter antecipado os sintomas e por escutar sua própria orientação de autocontrole. Também comentou que se desentendera com Hélio e, por isso, não repetiu o experimento com ele. Parecia uma punição: ele não "merecia" sentir a alegria de ter intimidade e estar muito ligado a ela. Marina revela que se sente emocionalmente distante de Hélio, pois ele a sufoca.

Sobre o casal, é a segunda união estável de Hélio e a primeira de Marina. No relacionamento anterior, ele praticou violência física. Segundo Marina, deu uma surra na ex-companheira. Bebe, mostra-se agressivo, é ciumento. Ela parece conter sua expressão agressiva e indica uma suposta fragilidade física provocada pela TPM, motivo secundário da queixa que os integrou ao atendimento.

Segundo ambos, no período menstrual, Marina sente TPM, o que a deixa irritada e agressiva. Nesses momentos, ameaça separar-se de Hélio, atitude que o deixa bastante irritado e queixoso de que ela precisa controlar-se, que não pode dizer que vai embora o tempo inteiro.

Por sua vez, Marina agrega às reações físicas do período menstrual toda a carga de insatisfação emocional acumulada no período de desencontros do casal. E a TPM tem sido a vilã, o bode expiatório para que o casal não aborde as questões figurais, por exemplo, a insegurança e o ciúme de ambos.

A TPM foi identificada na década de 1930 e, atualmente, está codificada e descrita, sendo que, a partir do DSM-IV, passou a se chamar Transtorno Disfórico Pré-Mestrual (TDPM).

> As pesquisas indicam que sua causa principal se relaciona ao metabolismo próprio de cada paciente, aliado às mudanças hormonais a que elas estão sujeitas. É um conjunto de alterações físicas e emocionais que certas mulheres apresentam nos dias que antecedem a menstruação. A sintomatologia pode ser considerada em quatro grupos: 1. Com predomínio da ansiedade e agressividade; 2. Com predomínio de alterações afetivas, notadamente sintomas depressivos; 3. Com predomínio de queixas físicas; 4. Com predomínio de alterações alimentares. (Ballone, 2010)

A sintomatologia de Marina parece se encaixar no grupo 1. Contudo, é oportuno observar que o diagnóstico estrito da TDPM requer

> apresentar por dois ou três ciclos menstruais cinco ou mais sintomas na última semana do ciclo, devendo tais sintomas estar ausentes na pós-menstruação: marcante humor depressivo, sentimentos de desesperança ou autodepreciativos, marcante ansiedade e tensão, marcante labilidade afetiva, irritabilidade e/ou agressividade marcantes ou dificuldades de relacionamento pessoal, diminuição do interesse para atividades usuais, dificuldades de pensamento, memória e concentração, cansaço, fadiga e perda de energia, alterações do apetite e/ou da aceitação de determinados alimentos, alteração do sono (insônia ou hipersônia), sensação subjetiva de opressão ou de perda do controle, tungência nos seios, cefaleia, dor muscular, inchaço, ganho de peso. (*Ibidem*, 2010)

Na sessão com o casal, identifiquei outra queixa permanente de Hélio, a sensação de cuidar sozinho do relacionamento, já que após as brigas Marina fica em silêncio e é dele a iniciativa de tentar fazer acordos e retomar o diálogo. Ela o "pune" com seu silêncio, fica "de mal".

Esse jogo praticado pelo casal pode ser denominado *ameaça--recuo*, uma forma de estabelecer o controle do afeto e da inserção social da alteridade. Assim, após o desentendimento, cada cônjuge passa a testar conscientemente o grau de profundidade da força psicológica ou do *controle* exercido sobre o outro.

> O significado original da palavra "controle" sugere conservar uma duplicata, uma cópia, uma réplica do original. A duplicata é guardada pelo "controlador" para que tudo corra bem. É essa duplicata – cópia que o controlador usa – o instrumento do controle. Quando aplicado a pessoas, o controlador esta dizendo: "não é pelo que você é que gosto de você ou lhe dou valor. Meu apreço dependerá do quanto corresponder ao meu modelo do que você deverá ser. Se você não estiver de acordo com meu modelo, poderei ainda amá-lo ou apreciá-lo se você mudar, desistir de ser o que é e transformar-se no que não é, isto é, a cópia de alguma outra coisa. Está claro que eu escolherei a outra coisa em que você deverá transformar-se". (Levy, 1973, p. 45)

Marina está repleta de dúvidas: *Não sei se o amo mais. Será que vale a pena continuar?* Investir na conjugalidade é um peso, já que o companheiro *não acredita em nada que falo.*

Viver com alguém não pode significar um fardo. Quando Marina não deseja *expressar carinho e reduz a preocupação* com Hélio, realizando o *cuidar de modo automático,* sugere que o amor não é o sentimento que a vincula. O desgaste foi gerado pela *desconfiança permanente* e pelas *ofensas verbais,* o que caracteriza o ciúme patológico e a violência psicológica.

Hélio também sinaliza cansaço e certa desesperança, embora seu discurso afirme o desejo de manter o casamento.

b) João e Maria[42]

O atendimento foi desmembrado em etapas: individual, com o casal e com a família. O de Maria consistiu em doze sessões semanais; o de João, em três, e o da família, em uma.

As individuais tiveram uma hora de duração, a do casal e a da família, duas. Todas ocorreram durante o ano de 2009. No texto, entremearei o percurso do conjunto dos atendimentos.

Maria relatou que desde o casamento, aos 18 anos de idade, João se mostrou violento. Quando ficava grávida, ele a agredia fisicamente, o que lhe acarretou problemas de visão. Ela não o denunciava alegando que não queria demonstrar para o pai a *grande burrada* que fizera, já que ele foi contra o casamento desde o início. Também Maria se *envergonhava* de ter aceitado o *lugar de submissa*.

Quando João tinha 14 anos, seu pai morreu. Esse episódio pareceu muito importante em sua vida, já que apanhava bastante quando criança. Aos 9 anos, inclusive, foi espancado na rua.

Seu pai arrancou-lhe as roupas e bateu muito por João ter usado o troco de uma compra para comprar uma guloseima. Relatou-me, sem alterar a expressão e a entonação, o sentimento que vivenciou naquela situação: abandono. Não foi socorrido por ninguém.

Quando o escutei e olhei para ele, imaginei a fragilidade do menino e a dor que sentira, gerada principalmente pela impotência física e moral, além da falta de solidariedade social com a criança João.

Hoje idoso, embora com uma aparência física que também indica fragilidade, mantém o espírito endurecido. Talvez a couraça que forjou para proteger-se dos sentimentos negativos também o tenha impedido de contatar os afetos de amor, carinho, confiança e alegria, de modo que, com a família que formou, a violência privada ainda permanece como elo adoecido entre os membros.

Desde a infância, as crianças sofreram com o controle excessivo do pai, que sempre restringiu o convívio social dos filhos e chegava a fazer escândalos na rua caso alguém agisse contra sua vontade. Ele não batia nos homens, que são três, mas impingia-lhes violência psicológica. Em relação às três meninas, além de psicologicamente, ele as agredia fisicamente.

Para Maria, *João era machista, possessivo, controlador, violento e com dupla personalidade.*

Segundo João, *aprendi, na convivência com os marinheiros de todos os portos pelos quais passei, a ficar atento ao que minha mulher fazia. Eu tinha que mostrar que era durão. Havia muita incompreensão quando eu voltava pra casa. Foi um período muito ruim. Entre 1972 e 1984. Eu errei muito com minha esposa e meus filhos. Não dava importância ao que ela dizia e a acusava de traição, mesmo sabendo que era uma esposa fiel. Ela então me ofendia com palavras. Era um inferno.*

Recentemente (2009) um de seus filhos, o de 20 anos, teve um transtorno bipolar diagnosticado. Ao mesmo tempo, uma de suas filhas passou a sofrer de depressão, que ela anunciava resultar da violência instaurada em sua casa. Maria contou de sua preocupação com o comportamento dos filhos, pois percebia que eles estavam ficando parecidos com o pai, já que tratavam muito mal as irmãs.

O modelo paterno, associado a um contexto de violência, à falta de perspectivas culturais, de lazer, trabalho e estudo, um entorno cercado pela pobreza e violência urbana alimentavam e reificavam as introjeções da cultura patriarcal que a família vivia, repercutindo nas ações das mulheres e homens e mantendo-os em rígidos horizontes de dominação e subordinação.

O único apoio que ela recebia era da filha de 35 anos, que conseguiu escapar do círculo existencial vicioso em que foi socializada, concluindo um curso superior. A filha queria ajudá-la a sair da situação de violência doméstica; no entanto, Maria, até então, não fazia nenhum movimento para romper os grilhões.

Apenas quando foi interpelada pelo adoecimento físico, com os sintomas psíquicos dos filhos, passou a questionar ativamente a sua dinâmica familiar e procurou ajuda em instituições públicas de saúde.

Quando chegou a nós, na clínica-escola, Maria demonstrou estar *consciente da ousadia em que incorria,* entretanto, afirmou: *Vou arriscar por amor aos meus filhos e porque quero me separar.*

Para efetivar sua decisão, saiu de casa e mudou-se, então, para a casa da filha de 35 anos.

Um efeito imediato, de acordo com Maria, foi a mudança de atitudes do marido: *Ele passou a trazer presentes e a querer manter relações sexuais.* O casal não tinha contato íntimo, pois dormiam em quartos separados.

Durante os atendimentos, foram incluídas no tratamento psicoterápico atividades com linguagem corporal, pois Maria demonstrava rigidez, tensões musculares, respiração contida e curta. Assim, ao término das sessões, ela fazia exercícios respiratórios e comentava: *Sinto-me melhor, sem o peso de quando cheguei.*

Na segunda sessão, Maria chegou dizendo que fora ao posto de saúde por estar com a pressão alta. Lá, o clínico modificou seu remédio para a pressão e receitou um antidepressivo. Ela ficou muito assustada e nos solicitou uma consulta com a psiquiatra da clínica-escola. Nesse dia, também nos pediu informações acerca da Lei Maria da Penha.

Informamos sobre a criação da lei, os avanços em relação a outras leis de atenção à mulher e o atendimento na Delegacia Especial de Atendimento à Mulher (Deam). Demos-lhe uma cartilha publicada pelo Núcleo de Pesquisas Fenomenológicas (Nufen) em parceria com o Grupo de Pesquisas Eneida de Moraes (Gepem) e a Secretaria de Justiça e Direitos Humanos (Sejudh)do estado. Após tirar todas as dúvidas e compreender o possível alcance de sua ação, Maria revelou: *Estou decidida, vou a Deam denunciá-lo hoje mesmo, à tarde.*

No decorrer da sessão, Maria contou que, em uma conversa com a mãe de seu marido, a sogra contou que João apanhara muito na infância. Como ele fazia o mesmo com os filhos, considerava um círculo vicioso.

Maria mencionou que João deixou de beber quando começou a frequentar a igreja, o que fez que ele diminuísse as agressões físicas, mas mantivesse a violência psicológica.

Segundo Maria, o marido se inscreveu na triagem da clínica-escola por exigência do psiquiatra que os atendeu no Hospital Betina Ferro, já que este o denunciou ao Conselho Tutelar por maus-tratos à filha, quando foi atendida pelo ambulatório da ansiedade e depressão.

No Conselho Tutelar, contou toda sua história. Assim, João foi convidado a comparecer no Conselho. Quando Maria mostrou o convite a João, ele nada comentou. Então, ela decidiu conversar com os filhos sobre a situação e sua decisão. As filhas apoiaram, mas os homens foram contra.

Na sessão seguinte, Maria contou que fora à Delegacia Especializada ao Atendimento à Mulher e que, ao falar com uma investigadora, foi encaminhada ao setor psicossocial. Por isso, não registrou nenhuma queixa. O efeito foi o arrefecimento da iniciativa.

Após a visita ao Conselho Tutelar, João contratou um advogado. Quanto ao clima, o ambiente familiar ficou mais difícil para ela. Seu marido parou de agredi-la psicologicamente; contudo, estava manipulando os filhos para que eles mesmos promovessem violência psicológica com ela e com a irmã. Narrou o que os filhos diziam: *Eles nos consideram culpados pelo "desequilíbrio familiar".* Disse que *ela não precisava denunciar, já que eles tinham sobrevivido até agora.*

Nesse dia, Maria mostrou-se bastante preocupada com um dos filhos, o mais agressivo com a irmã.

Por algum tempo, as pressões dos filhos homens prosseguiram com discussões. Essa situação indica a reedição do patriarcado nas famílias menos favorecidas econômica e educacionalmente.

Um irmão de 21 anos acusou a menor de ser responsável pela situação atual da família, culpando-a pela desarmonia familiar. Ele tentou usar a força física, porém Maria colocou-se na frente da filha e o impediu de bater nela. Com isso, a menor apresentou uma crise nervosa e Maria a levou ao posto de saúde. Lá, o médico chamou a polícia e a paciente relatou o fato.

Atualmente, com a ajuda da filha, Maria alugou uma casa na qual vive com as outras duas filhas menores. João aparece diariamente, com a desculpa de visitar as meninas, mas, de acordo com ela, em nenhum momento se responsabiliza por seus atos, muitos menos por estar incentivando as atitudes violentas dos filhos.

Com as intervenções em diversas linguagens (verbal, corporal, artística), Maria foi ampliando a consciência, renovou a expressão facial (inicialmente cabisbaixa, sem cuidados com a pele e o cabelo), indicou que renovava a percepção de si mesma e adquiria um sentimento de mais valor, o que interferia favoravelmente em seu autoconceito.

> Estou muito bem, minhas filhas também melhoraram muito com a mudança de ambiente. Só me preocupo mais com o diagnosticado de transtorno bipolar, e com a medicação que minha menina toma. João continua a nos visitar diariamente, e uma vez me pediu para voltar, mas eu disse que não. Os meninos também foram nos visitar disseram que estavam com saudades, mas não percebi nenhuma mudança de comportamento deles.
> Me perguntei se eles estavam preocupados comigo ou com saudades de ter tudo arrumado, tudo feito, já que eles não faziam nada em casa e agora estão dividindo as tarefas com o pai.

Apesar dos relatos de mudança, Maria mantinha viva a polaridade decisão/indecisão, que indicava dificuldade de explicitar que objetivos e metas desejava alcançar na saída de casa.

Propusemos um experimento no qual ela responderia a três perguntas:

1) Coisas que teve vontade de fazer no passado, mas não fez;
2) Coisas que começou a fazer, mas abandonou;
3) Coisas que tem vontade de fazer neste momento de sua vida.

Maria respondeu:

Melhorar minha família, ter mais lazer, estar bem comigo mesma; fazer algo que me dê renda para tirar esse peso da minha filha mais velha.
Eu gosto de lecionar, dar aulas de reforços e costurar.

Em seguida, informamos a Maria que ela poderia fazer alguns cursos na Universidade da Terceira Idade, Uniterci.

Na sessão seguinte, Maria chegou muito preocupada com o estado de saúde da filha, que estava muito sonolenta e agressiva com a irmã, e com as dificuldades financeiras, que aumentavam.

Percebemos que Maria, à semelhança do marido, era bastante controladora com a vida da filha caçula. Para que ela percebesse a diferença entre confiar, contribuir para a autonomia, preocupação e tentativa de manter o outro preso psicologicamente, propusemos um experimento dialógico entre a mãe e a filha. Ela aceitou e, de imediato, percebeu como inferia nas decisões, iniciativas e atitudes da filha.

Depois disso, Maria sinalizou compreensão e pequeno *insight*. Prosseguindo, demonstrou vontade de retornar à casa em que vivia João com os filhos. Constatou:

A casa estava de cabeça para baixo. Estou preocupada se meus filhos se esquecerem de mim. Não sei que papel hoje tenho com João, se é de amiga, mãe ou companheira.

No final dos atendimentos, Maria nos agradeceu pela ajuda à filha, a ela e ao marido. Mostrou não verbal e verbalmente a angústia de voltar para sua antiga casa. O retorno foi uma decisão e uma promessa que fizera ao marido, que seria efetivada quando começassem as férias escolares da filha.

Sondou dois de seus filhos acerca do retorno delas à casa, ao que um respondeu: *Não volte*. O outro disse: *A decisão é sua*.

Com as filhas não houve consulta, mas alusão metafórica por meio de uma música: *Estamos indo de volta pra casa*. Ao que as filhas afirmaram: *Não voltaremos*.

A decisão de Maria denotava uma valorização da hierarquia no papel de gênero, isto é, tratava suas filhas com menos valia que a seus filhos homens.

No encerramento, Maria nos indagou sobre a sequência do tratamento de sua filha. Esclarecemos a importância da renovação do contexto geográfico familiar para a saúde dela, e que um retorno à casa, naquele momento, poderia reavivar as memórias da vivência opressora a que era submetida, bem como reinstalar a violência doméstica.

Fizemos uma sessão com a família, com a anuência de todos os membros. A equipe completa mediou o atendimento. Na sala de espera, Maria e João estavam sentados distantes.

Maria disse: *Estou disposta a voltar para casa, pelos meus filhos, mas não quero que as meninas voltem.*

Por sua vez, João disse que não a deixaria.

Conforme a confiança aumentava, Maria sentiu-se segura para abordar um segredo de intensa repercussão na dinâmica familiar, a violência sexual. Ela nos relatou que o marido *apalpou duas filhas. Ah, tive vontade de agredi-lo, mas acabei em silêncio.*

Ao mencionar o acontecimento, Maria chorou muito. Rememorou que também fora molestada pelo pai, e a mãe também não fez nada. Mais uma reedição da violência de gênero.

As concepções da suposta manutenção do sistema familiar a qualquer custo, os valores contidos na educação de gêneros, sobretudo o controle sobre a sexualidade da mulher, a exigência de submissão e passividade, o modelo materno de Maria e a referência que ela oferecia a suas filhas fortaleciam os ideários culturais patriarcais e mantinham a impunidade dos atos violentos.

Em Pimentel (2008, 2009), ponderei que as funções do pai cuidadoso contribuem para o desenvolvimento emocional saudável dos filhos e para que eles fortaleçam o amor-próprio e a autoestima. Não há receitas para ser pai, há intencionalidades, projetos e atos, boa vontade e, sobretudo, amor – por si e pelos filhos.

Portanto, somos inexoráveis e veementes contra todo e qualquer uso abusivo da prole pelos pais para gratificação sexual. Também somos contrários a qualquer tipo de maus-tratos e violência. O direito à infância transcende a forma e a lei, pois o cuidado é uma ética e uma norma existencial tácita.

Parece que a motivação de Maria de voltar para casa é atravessada pela culpa, idade, falta de qualificação que permita obter um trabalho com renda suficiente para manter suas necessidades básicas e secundárias.

Desse modo, João ganhava "terreno" psicológico por meio de chantagem emocional, coação e ameaças utilizando os filhos.

A psicoterapia breve incluiu informações e orientações acerca dos direitos legais de Maria. Ao mesmo tempo, as intervenções visavam a estabelecer seus suportes internos e externos.

Os 37 anos de casada tinham um peso existencial enorme, na medida em que contribuíram para forjar a subjetividade de Maria como mulher casada e cumpridora de seus deveres, mesmo negando seus sentimentos, desejos e direitos. Enquanto isso, a violência conjugal e familiar se enraizava como referência das interações entre todos na casa.

O esforço de sair de casa deixando tudo para trás rapidamente se esvaneceu. Maria não desejava ter uma vida marcada pela violência conjugal e intrafamiliar. As forças psicológicas existiam, mas os suportes externos eram precários.

Em nosso grupo, durante as intervisões do estudo do caso familiar, um dos nossos sentimentos foi a impotência. Sabemos que nosso trabalho contribui para a redução da violência privada. No entanto, sabemos que a interdisciplinaridade e o estabelecimento de políticas públicas para saúde, educação e trabalho mais efetivas e distributivas são requisitos indispensáveis ao tratamento.

Maria não tinha dinheiro. Nosso trabalho, por não ter conotação assistencial, repercute as oscilações vivenciadas pela cliente. Alguns experimentos utilizados durante as sessões favoreceram o reconhecimento de pensamentos deturpados que causavam sofrimento à Maria. Sobretudo, houve atualização da autoestima.

d) Ricardo e Carolina (caso incompleto por abandono do atendimento)

Não eram mais um casal. Estavam separados, mas mantinham um relacionamento (16 anos, no total) semanal, justificado pelo cuidado à filha em comum, de controle mútuo e ciúme por parte dele, por um sentimento de amor e por sexo, a despeito da nova conjugalidade vivida por Ricardo.

No decorrer da primeira sessão, Carolina tomou as rédeas da narrativa. Por meio de minhas intervenções, Ricardo participou mais e queixou-se do "descontrole" financeiro da ex-companheira, que não sabia usar o cartão de crédito moderadamente, o que repercutia no orçamento dele, que era responsável pelo sustento dela, da filha, da mãe e da companheira atual. Mostrou-se incompreendido, exigido e sobrecarregado, já que é profissional autônomo e depende do próprio esforço para compor a renda mensal. Carolina assentiu as ponderações do ex-companheiro sem nada contrapor e incluiu o desejo de um recasamento.

Marcamos uma próxima sessão, em que veio apenas Carolina. Mostrou-se de antemão bastante diferente acerca da queixa. Relatou-me que, sozinha, sentia-se mais à vontade para *dizer coisas*, além de ter sentido *vergonha de falar na frente de Ricardo sobre o perfil violento dele*. Assim, a vivência da violência doméstica foi desvelada. Ricardo não foi descrito como "bom moço", imagem composta por ele no primeiro encontro na clínica-escola.

Segundo Carolina, houve três tentativas de agressão pública no local de trabalho, que resultaram em denúncias à Delegacia da Mulher. Sem detalhar a sequência ou a conclusão da intervenção policial, descreveu que Ricardo se comportava e se comporta de modo desconfiado e violento. Não se comunicava ou expressava sentimentos. Mesmo que Ricardo tenha dito que a amava, e ela mesma afirmado que desejava retomar a vida em comum, nessa sessão disse que a separação psicológica começou, para ela, quando soube que havia sido traída.

> Decidi perdoá-lo, mas não consegui. Sofri muito, sentia raiva, não conseguia ficar com ele. Mandei-o embora. Ele arrumou as malas e foi. Depois me disse que esperava que eu o impedisse.
>
> Após a separação, cada um seguiu sua vida, mas continuamos a nos ver e a manter sexo, até que conheci um rapaz com quem comecei a sair e me envolver sexualmente. Quando Ricardo soube, veio me questionar, ficou zangado e se afastou sexualmente. Passou a me acusar de tê-lo traído, ele que é um homem galinha e não reconhece seus erros.

As falas de Carolina ilustram alguns aspectos intersubjetivos da vida conjugal de muitos casais. Nesse perfil, ainda cabe à mulher, mesmo atualmente, exigências de uma clássica função de restrição da sua sexualidade, bem como da organização doméstica, produzindo, contudo, dinheiro para dividir equitativamente o custeio do funcionamento da casa.

Devido aos estereótipos da educação patriarcal, homens com o perfil de Ricardo sentem-se autorizados a manter-se livres de compromissos monogâmicos, sexuais e éticos. Ao mostrar-se prestativo e provedor da família ascendente e descendente, talvez mantenha uma autoimagem e um autoconceito protegidos das ameaças psicológicas impostas por mulheres. Pagar as contas, talvez, funcione como suporte protetivo.

PARTE III | A Gestalt

11 Desconstruções e reconstruções

> *A necessidade afetiva não pode ser confundida com a ausência da autonomia que tem posto as mulheres numa relação de submissão no espaço público e privado.*
> (Vianna, Bonfim e Chicone, 2006, p. 15)

Por meio da pesquisa clínico-qualitativa, focalizei aspectos da violência psicológica que se expressam na conjugalidade. Nos vários arranjos familiares, as relações intra e interpessoais se apresentam de múltiplas formas: amigáveis, conflituosas, distantes, calorosas etc.

Do mesmo modo, são atravancadas por:

a) impaciência e intolerância que a convivência evoca;
b) consumo automático de sexo associado ao uso de drogas;
c) substituição de grilhões nos papéis sociais dos gêneros;
d) sexo mediado pelo pseudoprazer;
e) desconhecimento do desejo e da própria sexualidade.

Em síntese, as relações se estorvam por hedonismo, intolerância, uso de pessoas e ausência de um projeto conjunto e de cada um dos cônjuges.

O fortalecimento das emoções que alimentam a violência, a ruptura ou destruição dos vínculos amorosos que favoreceram a união do casal em torno de um cotidiano comum são consequências do conjunto de obstáculos impostos.

Partindo da escuta dos casais, de homens e mulheres separados, porém envolvidos com os dramas existenciais da situação inacabada; e por meio das análises sobre a formação e perspectivas do autoconceito de homens e mulheres e possíveis interferências destes no conflito conjugal, elaborei estas conclusões:

- O autoconceito interfere no conflito conjugal quando os fatores *autonomia* e *confiança* não foram ancorados na nutrição psicológica e na convivência familiar amorosa.

- Os informantes cuja história pessoal foi marcada por desqualificação materna e paterna reverberam a violência psicológica para proteger e manter uma autoimagem e um autoconceito favoráveis.

Sobre o autoconceito, considerei que, para a gênese da confiança, as informantes apontaram a família, incluindo a participação dos avós como suporte basal. Nas situações em que se destacava o papel punitivo da mãe, a avó não era afetivamente continente e o pai, ausente, que cedo separou-se da família sem manter a atenção para com os filhos. Assim houve, portanto, interferências na elaboração do autoconceito.

No fator *evolução física*, a memória das informantes assinalou que a aparência tinha valor de preocupação, e não de apreciação, de modo que algumas não praticavam esportes. No aspecto *socialização*, promovida pela inserção escolar, destacaram a positividade favorecida pelas interações com outras crianças.

Para os homens, a autonomia foi relacionada à responsabilidade e à competição esportiva. A confiança era restrita quando o menino vivenciava a sensação de fragilidade física e aumentada quando experimentava o sentimento de competência e tinha o carinho familiar.

Singularmente, repito a narrativa de um informante a quem a rejeição dos pais, a violência física e o isolamento social não conseguiram esmagar o autoconceito. O menino parecia ter um suprimento interno de energia, que lhe ofereceu suporte para manter-se autônomo e autoconfiante.

> Sempre fui o mais rejeitado em minha família. Um irmão mais velho me espancava muito e, sempre que eles iam para algum lugar, como à praia, nunca me levavam. Estes são meus sentimentos de que minha família me marcou. Confio em mim, mas eles nunca me deram uma chance para mostrar que eu poderia ser confiável. Fim por fim, fui feito por mim.

A consciência e a compreensão da formação da bagagem cultural dos informantes são os suportes internos, revelados na psicoterapia breve, que contribuem para a expansão do poder pessoal e favorecem a superação dos conflitos conjugais violentos na dimensão psicológica.

A psicoterapia breve contribui para a *redução* da violência psicológica conjugal. Foi o resultado possível de ser alcançado com a intervenção. Quanto à *superação*, penso que, talvez, seja atingida pelo casal se ambos investirem profundamente no exame dos fatores e motivos intrapessoais que induzem a manutenção dos jogos relacionais vivenciados individualmente, de modo que os escombros da bagagem existencial sejam purgados.

A *erradicação* da violência psicológica é mais utópica, já que depende da elaboração de projetos institucionais públicos sem fronteiras (mundiais, nacionais, regionais e locais) para a escola e a cultura, e privados, para a família.

A união de ambos os projetos permitiria eliminar a exploração e uso do outro, o lucro, a usura, a mais-valia, os abusos etc.

A psicoterapia breve não pode ser uma "tecnologia confessional", que busca operar a hermenêutica do sujeito e do objeto (Foucault *apud* Prado Filho e Martins, 2007).

Conforme Jardim, Oliveira e Gomes (2005, p. 215-24),

apesar da reduzida produção de pesquisas na área da clínica, pesquisas de efetividade [...], eficácia [...], tratamentos focalizados [...] e avaliações que combinaram efetividade e eficácia [...] vêm confirmando, de forma decisiva, os efeitos positivos da psicoterapia. Com efeito, a pesquisa de resultados tem indicado que a psicoterapia possui efeitos significativos para os pacientes no que se refere a melhoras nas relações interpessoais, na autoestima, nos processos cognitivos e nos níveis de quociente intelectual [...]. Em resumo, conhecimentos científicos sobre resultados psicoterápicos têm crescido nos últimos anos.

Dos casais atendidos, Joaquim e Clara foi o que mais se beneficiou[43], tanto individualmente quanto na vida em comum. Mostraram-se empenhados, envolvidos, comprometidos, interessados. Não faltaram. Demonstraram um movimento que os aproximou da origem etimológica da palavra-ato cuidado: *cogitare, cogitatus* (Zoboli, 2004, p. 21).

Ao propor a restauração do poder pessoal por intermédio, entre outros indicadores, da nutrição psicológica, considero ainda que Joaquim e Clara estão na direção da reconfiguração do autoconceito, da autoestima e da autoimagem.

Pareceu-me que Joaquim, no fim do tratamento, já não se sentia tão vulnerável nem sua autoestima se deixava afetar pelos preconceitos sociais a respeito de sua cor de pele.

Durante as sessões individuais, passou do lamento por não ter trabalho ao exame das razões que o mantinham em casa deitado no sofá jogando *videogame*, sem fazer as tarefas de sua responsabilidade; e mostrar-se irritado, agredindo verbalmente Clara quando ela chegava do trabalho.

Joaquim também resolveu retirar os documentos "esquecidos" na secretaria da faculdade particular que cursava, superando a vergonha e o temor dos colegas com as perguntas: *por onde você andou? Por que não está mais estudando?* Conseguiu aceitar a limitação financeira que o impedia de pagar a faculdade e passou a estudar para prestar vestibular na universidade pública.

Por sua vez, Clara reconheceu que agia de modo muito autoritário e controlador. Ambos passaram a estar conscientes dos processos sociais e psicológicos presentes nos papéis de gênero que assumiam e na identidade que os constitui.

Uma consequência desse reposicionamento foi não projetar no outro e no casamento a responsabilidade pelo suprimento das necessidades afetivas, sociais, emocionais etc. Superando o mito do amor romântico, puderam ver um ao outro.

Hélio e Marina, pelas diferenças de objetivos que os levaram à psicoterapia (ela, crescimento pessoal; ele, "vontade" de ajustar a companheira a uma forma antiga de sujeição e submissão), tiveram aproveitamento e ganhos opostos: ela se beneficiou mais.

João e Maria também pouco se favoreceram, por diversos fatores, especialmente a motivação proveniente da pressão do contexto, isto é, quando era insuportável o nível de agressão e humilhação de João, Maria verbalizava na psicoterapia a vontade de vivenciar um novo horizonte existencial em um campo geográfico favorável.

João, por sua vez, estava controlado pelo medo de um possível cerceamento de sua liberdade, por meio da detenção na Delegacia da Mulher ou pelo Conselho Tutelar da Infância e da Juventude.

Ricardo e Carolina estavam interessados no tratamento da filha. Não se apresentaram como um casal que buscava reconciliação, mas como pares ressentidos e desejosos de vingança contra o outro.

A desconstrução da violência psicológica na conjugalidade requer atualização do autoconceito, da comunicabilidade conjugal e desestruturação criativa.

As situações de adoecimento psicológico com ajustamento deliberado suscitadas pela neurose contemporânea – caracterizada por manifestações paranoides, síndrome do pânico, ansiedade crônica, depressão sutil de causa situacional forjada pelo vazio existencial, solidão, falta de vínculos afetivos duradouros e profundos; ou a grave, geneticamente herdada; competição voraz sem cooperação no ambiente de trabalho, ausência de diálogo no espaço de convivência familiar – fazem parte do fundo da violência conjugal.

A satisfação das necessidades de autoestima leva o indivíduo a se sentir confiante (no seu valor, força, capacidade e adequação), mais útil e necessário ao mundo. A insatisfação produz no indivíduo sentimentos de inferioridade, fraqueza e impotência. [...] A persistência desses sentimentos desencadeará fracassos na sua trajetória ou processos patológicos variados. (Carneiro, Bonfim e Chicone, 2006, p. 15)

A Gestalt-terapia, como sistema psicoterápico e abordagem aplicada aos campos da educação e das organizações, é uma ferramenta de intervenção e de pesquisa na clínica que contribui efetivamente para reduzir os conflitos vivenciados na conjugalidade.

É uma terapia do contato, compreendido como suporte interno e externo para a realização das necessidades individuais e interpessoais (Pimentel, 2005). Por sua vez, Polster e Polster (1979) afirmam que o contato é a função que sintetiza a necessidade de união e separação de partes diferentes, vital para o crescimento, meio de modificação da pessoa e das experiências de mundo, ou seja: o processo de mudança exige a capacidade de estabelecer contato.

As funções sensoriais e motoras (ver, ouvir, tocar, cheirar, sentir gosto, falar e movimentar-se) são os canais que permitem que o contato seja efetivado, bloqueado ou evitado. Porém, como o todo é mais que a soma das partes, o contato é mais que a soma dessas possíveis funções, o que significa dizer que o que caracteriza um contato saudável e criativo não é apenas ver ou ouvir, mas o modo, a forma como se vê ou se escuta.

Advíncula (2001, p. 72) pondera que a "escuta clínica deve criar condições para que os rituais costumeiros do cotidiano sejam desestabilizados possibilitando, com isso, a irrupção de acontecimentos que não encontram correspondência nas representações até então constituídas".

Em Pimentel (2005) considerei que a clínica gestáltica tem uma metodologia própria que procura alcançar os seguintes objetivos[44]:

a) promover a consciência, o que significa facilitar a apreensão e a expressão individual dos fluxos de necessidade e sua resolução;
b) ter procedimentos para focalizar, na clínica e na pesquisa, a consciência (Loffredo, 1994; Perls, 1979);
c) estimular que os sujeitos se relacionem cotidianamente pela participação de todas as funções de contato: visão, audição, percepção, movimento, fala, tato etc., para realizar ajustamento criativo;
d) evitar o adoecimento ou ajustamento deliberado pela atuação rígida e crônica dos mecanismos defensivos do ego: introjeções, projeções, deflexões, retroflexões e confluência;
e) fomentar relações interpessoais do tipo eu-tu (Buber, 1977);
f) recorrer à relação, ao experimento, proposição derivada de uma situação vivencial concreta, imaginada ou real, em que podemos criar com base no material clínico fornecido pelo paciente; e à empatia como instrumentos metodológicos para alcançar a realização dos objetivos.

Martim Buber (1977, p. 55) afirmou que a relação humana pode ser fundamentada em duas possibilidades atitudinais: a dimensão eu--tu e a eu-isso. Duas escolhas que nos permitem encontrar o outro na relação e a intersubjetividade como vínculo e como fundamentação dialógica da vida,

> o Eu se torna Eu em virtude do Tu. Isso não significa que devo meu lugar a ele, ou que devo renunciar à minha existência e à minha participação no mundo. Eu devo minha relação a ele. Ele é meu Tu somente na relação, pois fora dela, ele não existe, assim como o Eu não existo a não ser na relação.

Para qualificar a intervenção em psicoterapia breve, contribuindo para que os casais ressignifiquem os laços conjugais na perspectiva da intersubjetividade buberiana e gestáltica, proponho pensarmos a elaboração de um circuito da nutrição psicológica, que pode ser um contraponto à roda da violência.

O circuito será manejado semanalmente nos atendimentos, como um formulário, e em casa, como um diário de identificação das interações em que a superação da assimetria sexual, que tem marcado as relações de gêneros e intragêneros, esteve/está presente.

No final do tratamento, cada sujeito terá um mapeamento do percurso de restauração do processo de reconfiguração do poder pessoal.

A arquitetura do circuito tem como estruturas isomórficas os processos de desenvolvimento emocional e social sustentados por três elementos:

- nutrição psicológica;
- autoconceito;
- autoestima.

Sua conjugação criativa permitirá identificar o poder pessoal, entendido como reconhecimento e atos de autonomia, autovalor, segurança e competências.

O circuito da nutrição psicológica é um diagrama que pretende contribuir para que as mulheres superem a impotência, os homens, a perda da sensibilidade, e o casal, a falta de identificação com a responsabilidade pela manutenção da situação crônica de conflitos e violências, em que "se deixam comandar e se envolver no projeto de uma cidadania passiva desmobilizadora, esquema que carrega, por sua vez, um *ethos* de pessimismo e impotência para a promoção de mudança" (Manzini-Covre, 1996, p. 37).

A desestruturação da violência conjugal permite investir contra os atos destrutivos na direção da criação, do interesse, da tenacidade, da autoconfiança etc. Atos existenciais criativos são baseados no amor, na intimidade e na elaboração de projetos individuais e do casal.

Para encerrar, evoco a sensibilidade de Beatriz Cardella em seu texto *Laços e nós* (2009):

> A intimidade entre duas pessoas só é possível se se estabelecer uma relação na qual a humanidade de ambos tenha lugar e seja honrada. A intimidade é um espaço de compartilhamento. É morada da confiança e da esperança. (p. 34)

> Uma relação íntima exige de nós tempo e dedicação e paciência. (p. 40)

> A relação baseada em metades que se juntam não pode ser chamada de relação, pois as singularidades somem. A relação complementar não alcançou intimidade; o outro ainda é depositário de partes do eu não reconhecidas, experimentadas e conscientizadas, não é percebido como outro. A intimidade transcende as complementaridades, as competições pelo poder, os idealismos, as insatisfações, a autossuficiência, as dependências e o individualismo. A condição humana implica encontrar-se e desalojar-se, ou seja, construção e desconstrução em contínuo movimento. (p. 42-3)

Notas

1. Neste capítulo, a temática é o exame dos processos de entrelaçamento entre a condição psicológica e social feminina e a cultura de gênero. Ressalto que considero que não há libertação das mulheres sem a participação de homens, crianças, adolescentes e idosos na reconstrução das instituições, da ética e da cultura ocidental.
2. A expressão "mera", neste texto, assume significado pejorativo na medida em que a educação, um processo mais amplo de socialização e de aprendizagens formais, está distante do horizonte das universidades públicas e privadas, via de regra preocupadas com currículos anacrônicos e competições entre os diversos atores que nelas transitam, bem como com a imitação de modelos institucionais pragmáticos. Sem utopia, vassalas do mercado.
3. Apenas "supostamente", já que os conteúdos que circulam na rede têm, algumas vezes, ou a grande maioria das vezes, o caráter ideologizado de veicular premissas para a acomodação da inquietude existencial, bem como jamais traduzir a ruptura de fronteiras geográficas ou que alterem perfis de subjetivação no sentido da saúde criativa.
4. Em um programa de televisão, Hebe Camargo, na ocasião do lançamento de uma edição da revista *Playboy*, disparou esta pérola: "Ela não pode posar nua, você sim", disse à modelo da capa. "Ela nem é bonita, ela é gorda". A outra era magra. Mesmo que a revista tenha usado programas de edição de imagens nas fotos, ela parecia mais adequada às exigências da estética-ética da beleza. Contudo, o que está aqui em causa é o direito à *expressão autônoma*, em face do binômio consumo-lucro que exige reduzir as mulheres a um tijolo de parede. Ver o filme *The wall*.
5. Não está entre aspas no original.
6. Aqui, peço ao leitor que não se deixe aprisionar na rede interpretativa da linearidade. A afirmação não requer leitura como uma premissa do tipo se-então; ou seja, nem sempre falar ou atribuir ao outro hipóteses sobre afetos é uma projeção. Pode ser uma variação imaginária contextualizada na observação dos fatores que integram a percepção de pessoas. A esse respeito, veja Hastorf, 1973.
7. Desconstrução: escola de pensamento surgida na França, no final dos anos 1960, com Jacques Derrida. Examina o significado linguístico erigido com base no contraste e nos binarismos. Desconstruir é mostrar as várias possibilidades da significação (Macedo e Amaral, 2005).
8. A experiência é a testemunha da violência psicológica, cujas marcas transcendem a expressão física. A ela damos crédito, valor e confiança. Tal ação respeita, sobretudo, a voz negada às crianças.
9. A função do olhar é uma das primeiras a ser ativada na percepção física inicial do casal. Entretanto, a conjugalidade requer convivência e conhecimento mútuo; de

modo que é difícil sustentar que alguém pode amar alguém na primeira mirada. O que me parece factível é alguém sentir-se atraído, disponível, interessado e despertar intuitiva, física e motivacionalmente por alguém.

10. É preciso ler criticamente a concepção de organismo desta obra. Ela deriva da perspectiva biológica e da influência da psicanálise na teorização de Perls, ampliada na edição de 1997, com a inclusão da dimensão antropológica.

11. Equilíbrio dinâmico conota movimento integrado do equilibrar-se, desequilibrar-se, reequilibrar-se. Nunca a ideia de imobilidade e permanência na situação de homeostase.

12. Pseudônimo. A descrição completa da intervenção com os casais está nos capítulos 8 e 9.

13. Ciúme: do latim, *zelumen*, do grego, *zelus*. Significado original de zelo, cuidado.

14. A esse respeito ver Pimentel (2005), que trata da metáfora do metabolismo dental e da nutrição psicológica.

15. Desde a Conferência de Pequim, em 1994, os direitos sexuais das mulheres vêm sendo afirmados e exigidos no âmbito das políticas públicas internacionais. Continua sendo repudiada veementemente toda e qualquer situação de violência como o incesto, o comércio do sexo e o tráfico de mulheres.

16. Pseudônimo.

17. Levar para jantar, lanchar, passear, comprar presentes, dar flores.

18. Sobretudo os que, em criança, sofreram violências no âmbito doméstico.

19. Mantidos pelo estado e pelo município.

20. Novo arranjo familiar. O casal realiza quase todas as dimensões da conjugalidade, exceto morar na mesma casa.

21. A Lei Maria da Penha, n. 11.340/06, foi implantada em setembro de 2006. Estende seus mecanismos a todas as formas de orientação sexual. A referência para julgamento é a relação íntima de afeto estabelecido (Capítulo I, art. 5º, III).

22. Na vivência do casal, difere de bizarro e refere-se à capacidade inventiva para renovar o cotidiano.

23. Embora nosso grupo estude relações homoafetivas, essa temática não está nas presentes reflexões.

24. Veja o apêndice I.

25. Em um dos casos, o homem foi viver, aos 12 anos, na casa da família paterna composta de três tias solteiras e a avó. Com elas, aprendeu a dobrar milimetricamente os lençóis de sua cama, a manter perfeitamente em ordem o armário de roupas, a organizar em planilhas toda sua agenda e um senso de hierarquia social muito forte. Assim, passou a determinar, para a futura companheira, um perfil composto por mesmo nível – social, instrucional e financeiro. Entretanto, quando se casou, a "eleita" tinha um perfil oposto. De acordo com ele, era "infantilizada, uma bonequinha, mais jovem dez anos e confusa".

26. Embora menos visível nas estatísticas das secretarias de segurança pública e na mídia, os casos de abuso sexual cometidos por mulheres, geralmente o incesto, são incidentes.

27. Onipotência e impotência são formas não saudáveis de lidar com o conflito conjugal. A potência é associada ao ajustamento criativo e à resolução das necessidades subjetivas e relacionais.

28. Fazer sexo sem desejar para conseguir do cônjuge uma benesse material.

29. Recomendo que assistam ao filme *Tráfico humano*, que aborda a "indústria moderna da escravidão".
30. Durante os seminários, contamos com a participação de um fisioterapeuta, uma massoterapeuta, seis estagiários da clínica e de duas bolsistas do CNPq de iniciação científica.
31. Os sujeitos que responderam apenas ao formulário têm entre 20 e 40 anos, e os casais, entre 28 e 70.
32. Nem todos os casais participaram juntos até o fim. Em uma dupla, ele ficou. Em outras duas, ambos abandonaram o tratamento.
33. Contei com ajuda dos bolsistas Pibic e dos voluntários do grupo de pesquisa. Agradeço a Rafaela Paixão, Ana Karoline Santos e Nathalia Dourado.
34. O uso da linguagem de gênero não é filigrana estética, política ou pseudocorreta, mas demanda entender (e vivenciar a compreensão) que "não é a 'natureza' ou qualquer realidade física que determina a posição 'inferior' das mulheres (em campos e papéis), mas uma diferença de 'pensamento', uma diferença significada. O conteúdo semântico, os valores e o gênero formam uma equação". Sobre esse tema, ler mais em Nye, 1995.
35. M: Mulher; H: Homem. Os números indicam a quantidade de informantes.
36. Psicoterapeuta e cliente.
37. A análise indutiva concentra-se na identificação de relações básicas e elucidativas do problema em estudo. O procedimento requer abertura ao recorrente, ao único, ao novo, ao inusitado, ao contraditório e ao ausente. Tais aspectos são tomados como indicadores qualitativos e sem valor quantitativo. A análise indutiva sugere problemas centrais que serão abordados pela interpretação, que é o confronto da análise indutiva com a descrição qualitativa (Patton, 2002; Lanigan, 1988 e Gomes, 1998 *apud* Jardim, Oliveira e Gomes, 2005.
38. De acordo com a avaliação psiquiátrica, era sociopata.
39. Alguns membros da família iniciaram um atendimento psiquiátrico e psicológico em um Centro de Atenção Psicossocial (Caps) próximo de sua residência. Em seguida, a filha caçula foi encaminhada ao programa de tratamento da ansiedade e depressão do Hospital Universitário Betina Ferro. Depois, foi reencaminhada à clínica-escola da UFPA, quando foi atendida por mim e por minha equipe de psicoterapeutas em treinamento.
40. A clínica-escola funciona das 9h às 18h.
41. Todos os nomes aqui apresentados são pseudônimos.
42. Esse atendimento foi realizado por minha equipe: Rafaela Gurjão e Ana Karoline Santos, psicoterapeutas em formação. Hoje, são psicólogas formadas pela UFPA. A elas minha amizade, carinho, consideração e agradecimentos pela dedicação, pelo compromisso, pelo cuidado e pela ética.
43. No início e encerramento da psicoterapia aplico um formulário para avaliação do tratamento que identifica o objetivo do paciente, as necessidades psicológicas que deseja abordar, estado emocional atual, necessidades do casal e, depois, os objetivos atendidos.
44. Não necessariamente todos serão trabalhados ou apontados em um procedimento interventivo em psicoterapia.

Referências bibliográficas

ABREU JUNIOR, L. A. *Conhecimento transdisciplinar: o cenário epistemológico da complexidade*. Piracicaba: Editora Unimep, 2001.
ADORNO, T. W. "A dialéctica do esclarecimento e outros textos" (1969). Disponível em: <http://planeta.clix.pt/adorno/>. Acesso em: 23 dez. 2010.
ADVÍNCULA, I. F. *Experiências desalojadoras do eu e escuta clínica*. 2001. Dissertação (Mestrado em Psicologia Clínica) – Universidade Católica de Pernambuco, Recife.
AGACINSKI, S. *Política dos sexos*. Portugal: Celta, 1999.
ALMEIDA, M. V. *Senhores de si: uma interpretação antropológica da masculinidade*. Lisboa: Fim de Século, 2000.
ARAÚJO, M. F.; SCOMBATT, E. J. "Violência de gênero e violência contra a mulher". In: ARAÚJO, M. F.; ATTIOLI, O. C. (orgs.). *Gênero e violência*. São Paulo: Arte e Ciência, 2004.
ARAUJO, M. F.; SCOMBATTI, M. E.; SANTOS, A. L. *Mulheres Invisíveis: violência conjugal e novas políticas de segurança*. Porto Alegre: EDIPUCRS, 2004.
ATIENZA, M. *Estratégias em psicoterapia gestáltica*. Buenos Aires: Nueva Visión, 1987.
BALLONE, G. J. "Transtorno diasfórico pré-menstrual (TDPM)". *PsiqWeb*, 18 out. 2010. Disponível em: <http://www.psiqweb.med.br/site/?area=NO/LerNoticia&idNoticia=143>. Acesso em: 13 jan. 2011.
BARBOSA, R. M.; PARKER, R. "Direitos sexuais: um novo conceito na prática política internacional". In: BARBOSA, R. M.; PARKER, R. (orgs.). *Sexualidades pelo avesso*. Rio de Janeiro: Instituto Moreira Salles/Universidade Estadual do Rio de Janeiro; São Paulo: Editora 34, 1999.
BAUMAN, Z. *Modernidade líquida*. Rio de Janeiro: Zahar, 2001.
BEAUVOIR, S. *O segundo sexo. I*. Tradução Sérgio Milliet. São Paulo: Nova Fronteira, 1979.
BETCHER, R. W.; POLLACK, W. S. *In a time of fallen heroes: the re-creation of masculinity*. Nova York: The Guilford Press, 1993.
BOFF, L. *Princípio de compaixão e cuidado: encontro entre Ocidente e Oriente*. Petrópolis: Vozes, 2009.
BORIS, G. D. J. Bloc. "Machinhos, machos e machões: um alerta sobre a construção de homens violentos" (mesa-redonda: Corpo, Gênero e Adolescência). In: *Anais do colóquio Atualidades nas Práticas Psicológicas: a Criança e o Adolescente em Foco*. Fortaleza: Universidade de Fortaleza, v. 1, 2002.
BOSCO, F. "Outras notas sobre o casamento". *Cult*. São Paulo, ano 12, n. 142, 2009.
BOSI, E. *O tempo vivo da memória: ensaios de psicologia social*. São Paulo: Ateliê Editorial, 2003.
BRASIL. Lei Maria da Penha, n. 11.340, de 7 de agosto de 2006.

BRASIL. Ministério da Saúde. Secretaria de Atenção à Saúde. Núcleo Técnico da Política Nacional de Humanização. Humaniza SUS: documento base para gestores e trabalhadores do SUS / Ministério da Saúde, Secretaria de Atenção à Saúde, Núcleo Técnico da Política Nacional de Humanização. 3. ed. Brasília: Editora do Ministério da Saúde, 2006.

BRASIL. MINISTÉRIO DA SAÚDE/SECRETARIA DE ATENÇÃO À SAÚDE. *Política Nacional de Atenção Integral à Saúde do Homem: princípios e diretrizes*. Brasília: MS, 2008. Disponível em: < http://dtr2001.saude.gov.br/sas/PORTARIAS/Port2008/PT-09-CONS.pdf>. Acesso em: 30 mar. 2009.

BRAUNER, M. C. C, DE CARLOS, P. P. "A violência Intrafamiliar sob a perspectiva dos direitos humanos, direitos humanos e adoção." In: MALUSCHKE, G.; BÜCHER-MALUSCHKE, J; HERMANNS, K. *Direitos humanos e violência: desafios da ciência e da prática*. Fortaleza: Fundação Konrad Adenauers, 2004.

BRAZ, M. *A construção da subjetividade masculina e seu impacto sobre saúde do homem: reflexão sobre justiça distributiva*. Rio de Janeiro: Psicologia e saúde coletiva, 2001.

BUBER, M. *Eu e tu*. São Paulo: Cortez, 1977.

BUTLER, J. P. *Problemas de gênero: feminismo e subversão da identidade*. Tradução Renato Aguiar. 2. ed. Rio de Janeiro: Civilização Brasileira, 2008.

CABRAL, A.; NICK, E. *Dicionário técnico de psicologia*. 11. ed. São Paulo: Cultrix, 2001.

CARDELLA, B. H. P. *Laços e nós: amor e intimidade nas relações humanas*. São Paulo: Ágora, 2009.

COONELL, R. W. *Masculinities: Knowledge, power and social change*. Berkeley/Los Angeles: University of California Press, 1995.

CONFORTIN, H. "A representação do masculino na tradição gaúcha." In: Ghilardi-Lucena, F. O. *Representações do masculino: mídia, literatura e sociedade*. Campinas: Editora Alínea, 2008.

CONNELL, R. *Gender*. Cambridge: Polity Press, 2002.

CONNELL, R. "On men and violence". 2001. Disponível em: <http://www.vawpreventionscotland.org.uk/sites/default/files/On_Men_and_Violenc e.pdf>. Acesso em: 12 abr. 2009.

CUSCHNIR, L.; MARDEGAN JR., E. *O homem e suas máscaras*. Rio de Janeiro: Campus, 2001.

DELLA CUNHA, D. B. "Violência urbana, segurança pública e direitos humanos." In: MALUSCHKE, G.; BÜCHER-MALUSCHKE, J; HERMANNS, K. *Direitos humanos e violência: desafios da ciência e da prática*. Fortaleza: Fundação Konrad Adenauers, 2004

DIEHL, A. (2002). "O homem e a nova mulher: novos padrões sexuais de conjugalidade." In: WAGNER, A. (Org.). *Família em cena*. Petrópolis: Vozes, 2002. p. 135-158.

ENGELMAN, A. "A psicologia da Gestalt e a ciência empírica contemporânea". *Psicologia, teoria e pesquisa*, Brasília, v. 18, n. 1, jan.-abr. 2002.

EZPELETA, L. (org.). *Factores de riesgo em psicopatologia del desarollo*. Barcelona: Masson, 2005.

FÉRES-CARNEIRO, T. "Casamento contemporâneo: o difícil convívio entre a individualidade e a conjugalidade". *Psicologia: Reflexão e Crítica*, Porto Alegre, v. 11, n. 2, 1998, p. 379-94.

FERREIRA, A. B. H. *Novo dicionário da Língua Portuguesa*. Rio de Janeiro: Nova Fronteira, 1986.

FERREIRA-SANTOS, E. *Ciúme: o lado amargo do amor*. São Paulo: Ágora, 2007.

FIALHO, F. M. "Uma crítica ao conceito de masculinidade hegemônica". 2006. Paper do Instituto de Ciências Sociais da Universidade de Lisboa. Disponível em: <http://www.ics.ul.pt/publicacoes/workingpapers/wp2006/wp2006_9.pdf>. Acesso em: 12 dez. 2007.

FIALHO, F. M. 2006. *Uma crítica ao conceito de masculinidade hegemônica*. 14 p. Working Papers. Disponível em: http://www.ics.ul.pt/publicacoes/workingpapers/wp2006/wp2006_9.pdf. Acesso em: fev. 2011.

FREIRE, E. S. "Desenvolvimento de um instrumento de avaliação de resultados em psicoterapia baseado na teoria da mudança terapêutica de Carl Rogers". 2006. Tese (Doutorado em Psicologia) – Universidade Federal do Rio Grande do Sul, Rio Grande do Sul, Porto Alegre.

GARBOGGINI, F. B. "O metrossexual: um homem do terceiro tipo." In: Ghilardi-Lucena, F. O. *Representações do masculino: mídia, literatura e sociedade*. Campinas: Editora Alínea, 2008.

GIAVONI, A.; TAMAYO, A. "Inventário masculino dos esquemas de gênero do autoconceito (Imega)". *Psicologia: teoria e pesquisa*, Brasília, v. 19, n. 3, set.-dez. 2003, p. 249-59.

_____. "Inventário feminino dos esquemas de gênero do autoconceito (Ifega)". *Psicologia*, Natal, v. 10, n. 1, jan.-abr. 2005.

GIDDENS, A. *A transformação da intimidade: sexualidade, amor e erotismo nas sociedades modernas*. São Paulo: Editora Unesp, 1993.

GILIGAN, C. *Uma voz diferente: psicologia da diferença entre homens e mulheres da infância à idade adulta*. Rio de Janeiro: Rosa dos Tempos, 1982.

GOLDENBERG, M. *A arte de pesquisar: como fazer pesquisa qualitativa em ciências sociais*. Rio de Janeiro: Record, 2003.

GONZÁLEZ-REY, F. L. *Pesquisa qualitativa em psicologia: caminhos e desafios*. São Paulo: Thomsom/Pioneira, 2002.

_____. "La subjetividad: su significación para la ciencia psicológica". In: FURTADO, O.; GONZÁLEZ-REY, F. L. (orgs.). *Por uma epistemologia da subjetividade: um debate entre a teoria sócio-histórica e a teoria das representações sociais*. São Paulo: Casa do Psicólogo, 2002.

GRANATO, R. M. B. "Questões do masculino: formação da identidade masculina". *Psicologia USP*, v. 8, n. 1, p. 113-130, 2008.

GROSSI, M. P. "Masculinidades: uma revisão teórica". *Antropologia em Primeira Mão*, Florianópolis, v. 35, 1995, p. 1-37.

HASTORF, A. H. *Percepção de pessoas*. São Paulo: Edusp, 1973.

HIRIGOYEN, M. *A violência no casal: da coação psicológica a agressão física*. Tradução de Maria Helena Kuhner. Rio de Janeiro: Bertrand, 2006.

JARDIM, A. P.; OLIVEIRA, M. Z.; GOMES, W. B. "Possibilidades e dificuldades na articulação entre pesquisa e psicoterapia com adolescentes". *Psicologia: reflexão e crítica*, Porto Alegre, v. 18, n. 2, 2005, p. 215-24.

JABLONSKI, B. *Até que a vida nos separe: a crise do casamento contemporâneo*. Rio de Janeiro: Agir, 1998.

KOHLER, W. *Psicologia da Gestalt*. Belo Horizonte: Itatiaia, 1968.

_____. *A psicologia da Gestalt nos dias atuais*. São Paulo: Ática, 1978.
LE BRETON, D. "A síndrome de Frankstein." In: Sant'Anna, D. B. (org.). *Políticas do corpo*. São Paulo: Estação Liberdade, 1995.
LEVY, R. B. *Só posso tocar você agora*. São Paulo: Brasiliense, 1973.
LOBB, M. S. (coord). *Psicoterapia de la Gestalt*. Tradução Rosa Venturini. Barcelona: Editorial Gedisa, 2002.
LOFFREDO, A. M. *A cara e o rosto: ensaio sobre Gestalt-terapia*. São Paulo: Escuta, 1994.
LUCHINS, A. S.; LUCHINS, E. H. "Isomorphism in Gestalt theory: comparison of Wertheimer's and Kohler's concepts". Paper, 11th Scientific Convention of the GTA, mar. 1999.
MACEDO, A. G.; AMARAL, A. L. *Dicionário da crítica feminista*. Porto: Afrontamento, 2005.
MACHADO, D. A.; ARAÚJO, M. F. "Violência doméstica: quando o homem é a vítima". In: ARAÚJO, M. F.; ATTIOLI, O. C. (orgs.). *Gênero e violência*. São Paulo: Arte e Ciência, 2004.
MAGALHÃES, A. S.; FÉRES-CARNEIRO T. "Conjugalidade e subjetividades contemporâneas: o parceiro como instrumento de legitimação do 'eu'". In: Estados Gerais da Psicanálise – Segundo Encontro Mundial, Rio de Janeiro, RJ, 2003.
MALUSCHKE, G.; BUCHER-MALUSCHKE, J.; HERMANNS, K. "As ideologias como fontes de violência". In: MALUSCHKE, G.; BUCHER-MALUSCHKE, J.; HERMANNS, K. (orgs.). *Direitos humanos e violência: desafios da ciência e da prática*. Fortaleza: Fundação Konrad Adenauer, 2004.
MANZINI-COVRE, M. L. *No caminho de Hermes e Sherazade – cultura, cidadania e subjetividade*. Taubaté: Vogal, 1996.
MARINHO, R. R. *Estudo do autoconceito em crianças de 7-9 anos com e sem dificuldade de aprendizagem*. 1999. Monografia (Pós-graduação em Educação Pré-escolar) – Instituto Isabel, Rio de Janeiro, RJ.
MINAYO. M. C. *O desafio do conhecimento: pesquisa qualitativa em saúde*. 11. ed. São Paulo: Hucitec, 2008.
MOI NETO, J. "As respostas do cérebro à alimentação". *Ciência Hoje*, v. 28, n. 164, set. 2000.
MOREIRA, A. C.; PEDROSO, J. "Relações entre a mastigação, alimentação e desenvolvimento emocional infantil". *Revista Paulista de Odontologia*, São Paulo, ano 26, n. 2, mar.-abr. 2004.
MOREIRA, J. O.; ROMAGNOLI, R. C.; NEVES, E. O. "O surgimento da clínica psicológica: da prática curativa aos dispositivos de promoção da saúde". *Psicologia Ciência e Profissão*, 2007, v. 27, n. 4, p. 608-621.
MORIN, E. *Introdução ao pensamento complexo*. Porto Alegre: Sulina, 2005.
MOURA, T. "Masculinidades e feminilidades entre as (micro) guerras e as (macro) pazes: um estudo de caso sobre o Rio de Janeiro." Paper apresentado na conferência *Hegemonic Masculinities in International Politics*. 2005 – Manchester University Centre for International Politics,. Disponível em: www.eurozine. com. Acesso em: 06 jun2009.
NARVAZ, G. M.; KOLLER, S. H. "Metodologias feministas e estudos de gêneros: articulando pesquisa, clínica e política". *Psicologia em estudo*, v. 11, n. 3 647-654, set/dez 2006.
NEUBERN, M. S. "Três obstáculos epistemológicos para o reconhecimento da subjetividade na psicologia clínica". *Psicologia: Reflexão e Crítica*, Porto Alegre, 2001, v. 14, n. 1, p. 241- 52.

NOLASCO, S. *Identidade masculina: um estudo sobre o homem de classe média*. 1988. Dissertação (Mestrado em Psicologia) – Pontifícia Universidade Católica do Rio de Janeiro, RJ.

NORWOOD, R. *Mulheres que amam demais*. São Paulo: Arx, 2005.

NYE, A. *Teoria feminista e as filosofias do homem*. Rio de Janeiro: Rosa dos Tempos, 1995.

OLIVEIRA, K. *Quem tiver a garganta maior vai engolir o outro: sobre violências conjugais contemporâneas*. São Paulo: Casa do Psicólogo, 2004.

PASSOS, E. "Gênero e identidade". In: ÁLVARES, M. L. M; Santos, E. F. dos (orgs.). *Olhares e diversidades: os estudos de gênero no Norte e Nordeste*. Belém: Gepem/CFCH/UFPA, 1999.

PATTON, M. *Qualitative research & evaluation methods*. Thousand Oaks: Sage, 2002.

PERLS, F. S. *Yo, hambre y agresión: los comienzos de la terapia gestaltista*. Cidade do México: Fondo de Cultura Económica, 1975.

PERLS, F. S. *Isto é Gestalt*. São Paulo: Summus, 1977.

_____. *Escarafunchando Fritz: dentro e fora da alta do lixo*. São Paulo: Summus, 1979.

PERLS, L. *Viviendo en los límites*. Valência: Promolibro, 1994.

PERLS, F. S.; HEFFERLINE, R.; GOODMAN, P. *Gestalt-terapia*. São Paulo: Summus, 1997.

PIERUCCI, A. F. "Do feminismo igualitarista ao feminismo diferencialista e depois". In: BRABO, T. S. A. M. (org.). *Gênero e educação: lutas do passado, conquistas do presente e perspectivas futuras*. São Paulo: Ícone, 2007, p. 30-44.

PIMENTEL, A. *Psicodiagnóstico em Gestalt-terapia*. São Paulo: Summus, 2003.

_____. *Nutrição psicológica*. São Paulo: Summus, 2005.

_____. "Construção psicológica da subjetividade masculina". In: PIMENTEL, A.; MOREIRA, A. C. (orgs.). *Psicologia, instituição, cultura*. Belém: Amazônia Editora, 2008.

PIMENTEL, A. S. G.; ARAÚJO, L. S. "Hermenêutica gestáltica de uma violência sexual intrafamiliar". *Psicologia em Estudo*, v. 14, p. 569-667, 2009.

PIMENTEL, A. et al. "Para além do claustro". In: PIMENTEL, A. et al. *Itinerários de pesquisas em psicologia*. Belém: Amazônia Editora, 2010.

PINHO, O. "Qual é a identidade do homem negro?" *Democracia Viva*, n. 22, jun.-jul. 2004. Disponível em: <http://www.ibase.br/pubibase/media/dv_22_espaco_aberto2.pdf>. Acesso em: 12 jan. 2011.

POLSTER, E.; POLSTER, M. *Gestalt terapia integrada*. Belo Horizonte: Interlivros, 1979.

PRADO FILHO, K.; MARTINS, S. "A subjetividade como objeto da(s) psicologia(s)". *Psicologia e Sociedade*, n. 19, 2007, p. 14-9.

RAMOS, M. E. C.; SANTOS, C.; DOURADO, T. "Violência intrafamiliar: desvelando a face (oculta) das vítimas". In: LIMA, F. R.; SANTOS, C. (orgs.) *Violência doméstica: vulnerabilidades e desafios na intervenção criminal e multidisciplinar*. Rio de Janeiro: Lumen Juris, 2009.

RANDEL, I. M. "Representações imaginárias sociais da infidelidade conjugal feminina em Belém/PA". 2009. (Dissertação) Mestrado em Psicologia – Universidade Federal do Pará, Belém.

RIBEIRO, J. P. *Gestalt-terapia de curta duração*. São Paulo: Summus, 1999.

ROCHA, S. L. C. O. "Gestalt e relações de gênero: a emergência de novas masculinidades e feminilidades nos modos de ser homem e mulher hoje". In: FRAZÃO, L. M.; ROCHA, S. L. C. O. *Gestalt e gênero: configurações do masculino e feminino na contemporaneidade*. Campinas: Livro Pleno, 2005.

SCHAIBER, L. B. *Violência dói e não é direito: a violência contra a mulher, a saúde e os direitos humanos*. São Paulo: Editora Unesp, 2005.

SCODELARIO, S. A. "A família abusiva". In: FERRARI, D. C. A.; VECINA, C. C. (orgs). *O fim do silêncio na violência familiar: teoria e prática*. São Paulo: Ágora, 2002.

SILVA, L. A. V. "Masculinidades transgressivas. Uma discussão a partir das práticas de barebacking". *Fazendo Gênero 8: Corpo Violência e Poder*, ago. 2008. Disponível em: <http://www.abglt.org.br/docs/Barebacking%20- %20Luis_Augusto_Vasconcelos_da_Silva_46.pdf>. Acesso em: 14 jan. 2011.

SILVA, P.; BOTELHO GOMES, P.; Queirós, P. "As actividades físicas e desportivas têm sexo? – O género no desporto". *Boletim da Sociedade Portuguesa de Educação Física*, 2004, p. 28-9.

SILVA, S. G. "A crise da masculinidade: uma crítica à identidade de gênero e à literatura masculinista". *Psicologia: ciência e reflexão*, v. 26, n. 1, 2006.

SIQUEIRA, M. J. T. "A(s) psicologia(s) e a categoria gênero: anotações para discussão." In: ZANELLA, A. V.; SIQUEIRA, M. J. T.; MOLON, S.; LULHIER, L. DO A. (Orgs.). *Psicologia e práticas sociais*. Porto Alegre: Abrapsosul. 1997. p. 271-9.

SOPHIA, E. C.; TAVARES, H.; ZILBERMAN, M. "Amor patológico: um novo transtorno psiquiátrico?". *Revista Brasileira de Psiquiatria*, São Paulo, v. 29, n. 1, 2007, p. 55-62. Disponível em: < http://www.scielo.br/pdf/rbp/v29n1/a16v29n1.pdf>. Acesso em: 24 jan. 2011.

SOUZA, M. L. R. "A banalização da violência: efeitos sobre o psiquismo". *Percurso: Revista de Psicanálise*, n. 25, 2000.

TELLES, E. O. *O verso e o reverso das relações escolares: um olhar de gênero sobre o uso dos tempos em uma escola municipal da cidade de São Paulo*. 2004. Mestrado (Sociologia da Educação) – Faculdade de Educação da Universidade de São Paulo, São Paulo, SP.

THURLER, A. L.; BANDEIRA, L. "Tentativa de separação e inconformidade masculina". In: LIMA, F. R.; SANTOS, C. (orgs.). *Violência doméstica: vulnerabilidades e desafios na intervenção criminal e multidisciplinar*. Rio de Janeiro: Lumen Juris, 2009.

TIBURI, M. "Ninfa do subúrbio". *Cult*, São Paulo, ano 12, n. 142, 2009.

VIANNA, L. A. C.; BOMFIM, G. F. T.; CHICONE, GISELA. "Auto-estima de mulheres que sofreram violência." *Revista Latino-am. Enfermagem*, set-out 2006, v. 14, n. 5. Disponível em: www.eerp.usp.br/rlae. Acesso em: 05 jan. 2008.

VILLA-SÁNCHEZ, A.; ESCRIBANO, E. A. *Medição do autoconceito*. Bauru: Edusc, 1999.

WALSH, F. "Casais saudáveis e casais disfuncionais: qual a diferença?". In: ANDOLFI, M. (org.). *A crise do casal*. Porto Alegre: Artmed, 2005.

WANG, M.; JABLONSKI, B.; MAGALHÃES, A. S. "Identidades masculinas: limites e possibilidades". *Psicologia em Revista*, Belo Horizonte, v. 12, n. 19, p. 54-65, jun. 2006.

WINTER, T. R. *O enigma da doença: uma conversa à luz da psicossomática contemporânea*. São Paulo: Casa do Psicólogo, 1997.

ZOBOLI, E. L. C. P. "A redescoberta da ética do cuidado: o foco e a ênfase nas relações". In: *Revista da Escola de Enfermagem da USP*, n. 38, 2004.

Apêndices – Indicativos para pesquisa

Apêndice I*

Universidade Federal do Pará
Instituto de Filosofia e Ciências Humanas
Faculdade e Mestrado em Psicologia
Núcleo de Pesquisas Fenomenológicas
Prof.ª Dr.ª Adelma Pimentel

Preencha este questionário, por favor. Levará de 10 a 15 minutos, apenas. Sua colaboração é muito importante, POIS NOS AJUDARÁ A COMPREENDER A PROBLEMÁTICA DA FOME EMOCIONAL. Muito obrigado!

---

* O conhecimento é uma construção coletiva que se alimenta do esforço de muitos, contudo, não pode ser apropriado indevidamente ou reproduzido sem especificação de fontes e créditos. Assim, permito usar os apêndices que criei sem precisar pedir autorização desde que citada a fonte e compartilhada a comunicação dos resultados de pesquisa comigo.

Escolha as opções e marque na coluna em branco o tipo de fome que você tem:

Sexo: ( ) F   ( ) M

Idade: _____   Instrução: _____   Estado civil: _____

Autorrespeito	Autoestima
Autoamor	Amor da família
Amor do/a namorado/a	Amor do/a esposo/a
Carinho da família	Carinho do/a namorado/a
Carinho do/a esposo/a	Atenção do pai
Atenção da mãe	Atenção do/a namorado/a
Atenção do/a esposo/a	Participação no trabalho
Respeito da família	Automotivação
Valorização familiar	Valorização no trabalho
Companheirismo	Amizade
Confiança	Um corpo magro
Peitos grandes	Barriga musculosa
Braços torneados	Sentir-se belo/a do jeito que é
Beijo na boca	Relações sexuais

O que mais? ....
....
....

Se tiver alguma dúvida, procure a Prof[a] Dr[a] Adelma Pimentel, coordenadora do Programa Nutrição Psicológica (adelmapi@ufpa.br).

Perfil da fome emocional

Nutrientes afetivos	Nutrientes relacionais	Nutrientes corporais	Nutrientes sexuais	Nutrientes profissionais

Cotação: podemos agregar o conjunto de sinais nas categorias. Após identificar os campos, realizar análises de acordo com o problema pesquisado.

1. *Nutrientes afetivos intrapessoais*: abrangem o autoamor, a autoestima e o conceito de si mesmo.
2. *Nutrientes afetivos relacionais*: abarcam o amor de outro, o respeito, admiração, valorização pessoal.
3. *Nutrientes profissionais*: compreendem a automotivação, oportunidades de trabalho e o reconhecimento da capacidade produtiva.
4. *Nutrientes corporais*: cuidados com a aparência, alimentação e práticas físicas; sentir-se belo independentemente dos padrões estéticos.
5. *Nutrientes sexuais*: ter vida sexual ativa.

Apêndice II
Contrato de grupo terapêutico

Cláusulas de funcionamento do grupo:

1. O grupo será composto apenas de quatro membros.
2. É um grupo fechado para entrada de novos membros.
3. Todo material produzido pelo grupo pertence ao grupo e será usado exclusivamente para fins científicos: ensino e pesquisa.
4. As sessões de grupo serão gravadas em áudio e vídeo, e o material ficará sob a responsabilidade da Profª Drª Adelma Pimentel. Cada participante poderá dispor de uma cópia, se desejar.
5. Não haverá nenhum pagamento aos participantes.
6. O respeito à pessoa e ao bem-estar psicológico dos membros é garantido, e qualquer membro poderá sair do grupo sem qualquer impedimento ou sanção.

AUTORIZAÇÃO

Eu, _____, concordo em participar voluntariamente do grupo terapêutico facilitado pela Profª Drª Adelma Pimentel e pelo/a _____, durante o período de _____ a _____, em encontros de uma hora e meia de duração, às _____ do corrente ano.

Adelma Pimentel

Tel.: (__) _____

Apêndice III
Avaliação* da psicoterapia: aplicação no primeiro dia de entrevista

- Descreva os seus objetivos com este tratamento.
- Qual/is necessidade/s psicológica/s quer abordar durante as sessões?
- Descreva seu estado emocional: sentimentos expressos, escondidos, pessoas a quem os dirige etc.
- O que o casal precisa, no âmbito psicológico, para reorganizar sua vida conjugal?

Obs.: Após seis meses de atendimento, será aplicada uma nova avaliação para identificar os possíveis efeitos da psicoterapia breve.

---

* Cada pesquisador elabora a linguagem conforme o perfil instrucional e cultural dos pacientes/informantes.

Apêndice IV
Avaliação da psicoterapia: aplicação no final do atendimento

- Descreva os objetivos que alcançou com o tratamento.
- Além dos objetivos que apontou no início, houve algum novo ganho não previsto?
- Descreva as necessidades psicológicas que abordou e os benefícios alcançados.
- Conseguiu expressar, para a pessoa, os sentimentos escondidos, apontados no início do atendimento? ( ) sim ( ) não
- De que modo os expressou?
- O que sentiu com a expressão?
- Quais os aspectos negativos do tratamento?
- No campo da violência conjugal, houve algum benefício para o casal? ( ) sim ( ) não
Comente sua resposta. _____
_____
_____
_____

Apêndice V
Circuito da nutrição psicológica

Escreva e convide seu/sua parceiro/a a relatar diariamente os atos criativos e os destrutivos que o casal pratica durante as interações cotidianas.

- Verifique com seu cônjuge a superação e a violência que têm marcado as relações do casal.
- Avalie seu autoconceito: rememore quando tinha entre 5 e 6 anos de idade e escreva essas lembranças incluindo os temas: modo como realizava suas tarefas, participação em competições esportivas, sentimentos em relação a sua família, à escola e suas relações sociais. Sentimentos em relação a sua competência e aparência física. Além desses itens, inclua as lembranças que considerar importantes.

Apêndice VI
Diagrama
Circuito da nutrição psicológica

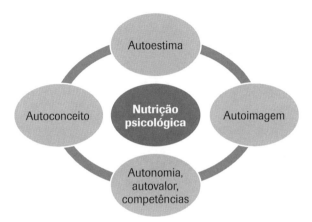

IMPRESSO NA
sumago gráfica editorial ltda
rua itauna, 789   vila maria
02111-031   são paulo   sp
tel e fax 11 **2955 5636**
sumago@sumago.com.br